刺繍糸、ビーズを使って

小さなダーニング刺繍

ミムラトモミ

誠文堂新光社

JN028987

はじめに

私がダーニング刺繍を始めた時は、
主に毛糸を使って楽しんできました。

毛糸での制作を重ねるうちに、25番刺繍糸やステッチ糸、
フェルトやビーズなどを使ったらどんな作品になるのか興味が湧き、
仕上げてみたくてウズウズするようになりました。

本書では、かつてない繊細なダーニング刺繍に取り組み、細い糸だけではなく、
水に溶けるシートやオーガンジーなどを活用して表現の幅を広げ、
毛糸以外の素材を使用してワクワクしながら作品を制作しました。

「なんだか少し物足りなくなったなぁ〜」と思っているお手持ちの布ものに、
小さなアクセントを入れると新しい魅力が生まれ、
より愛着が湧くかもしれません。

この本を手に取っていただいた皆様と、
ダーニング刺繍の楽しさを共有できることは最高の喜びです。

完璧にこだわらず、ダーニング刺繍を楽しんでいただけたらうれしいです。

ミムラトモミ

CONTENTS

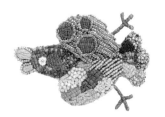

01

ブローチ

ビーズで面を埋めたブローチは、角度によってきらきら輝きます。
ポンポンで応援してくれているかのようなクマのブローチは
お守りアクセサリーに。

———

図案・型紙 ... p.64
仕立て方 ... p.65

02

つけ襟

前後どちらでも着用 OK。
布には等間隔にビーズをつけて、ドット柄のようにします。
ポンポンとフリンジは、刺繍されたお花の根っこをイメージ。
小さなお花をたくさんあしらってもかわいい。

図案・型紙 ... p.66
仕立て方 ... p.69

A 根っこのつけ襟

B 小さいお花のつけ襟

02

つけ襟

03

ポシェット

ロープの結び目で、肩紐の長さを2段階に調節できます。
中の物を仕分けられる、うれしいファスナーつきポケットも。

図案 ... p.70
仕立て方 ... p.71

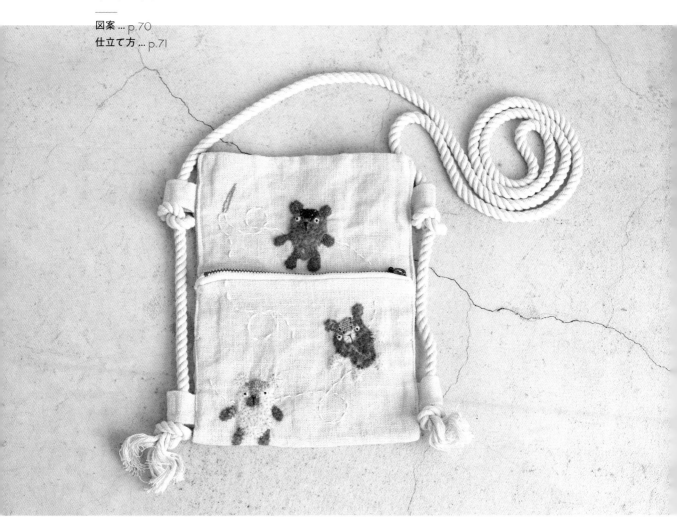

04

ポーチ

虫めがねをのぞくクマ。
軽やかなオーガンジーのチョウチョがチャームポイントです。

———
図案・型紙 ... p.72
仕立て方 ... p.73

05

ランチョンマット

お弁当箱を包むのにぴったりサイズのランチョンマットには、
こんな刺繍はどうでしょうか?
ネズミが食べ物を狙っています。

図案 ... p.74
仕立て方 ... p.74

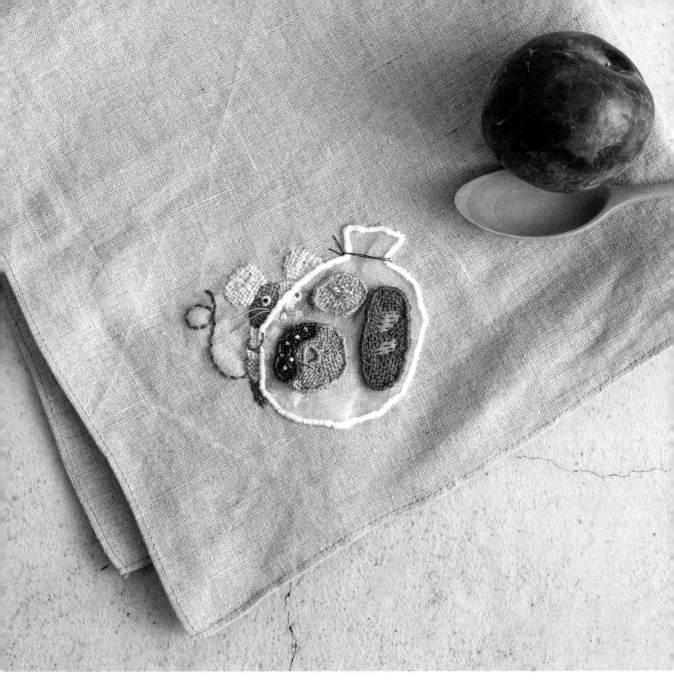

05

ランチョンマット

図案 ... p.74
仕立て方 ... p.74

06 ↗

イヤーカフ&イヤリング

ナキウサギのイヤーカフは、内緒話を耳元でささやくよう。
お花や海藻のイヤリングは金具を替えてピアスにしても。
軽いので耳が痛くなりません。

図案 … p.75
仕立て方 … p.75

07

ブレスレット

クロスモチーフは縁と内側の配色を楽しんで。
留め具はビーズで作ったボールです。

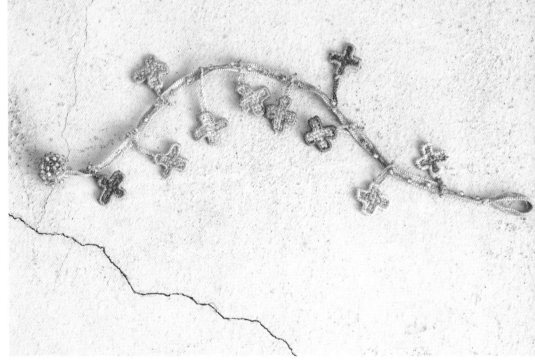

08

ネックレス

ダーニング刺繍で作ったコードを輪にしながらつなげます。
お好みの長さになるまで作ってください。

―――
図案・型紙 ... p.77
仕立て方 ... p.77

キーホルダー

リール式キーホルダーのリール部分をくるむように、
マスコットで装飾します。
かわいいキーホルダーのできあがり。

——
図案・型紙 ... p.78
仕立て方 ... p.79

A クマのキーホルダー
B ゾウのキーホルダー

10

名刺入れ

優しいリネンの風合いがかわいい名刺入れ。
カモメの刺繍がよいご縁を運んでくれるようです。

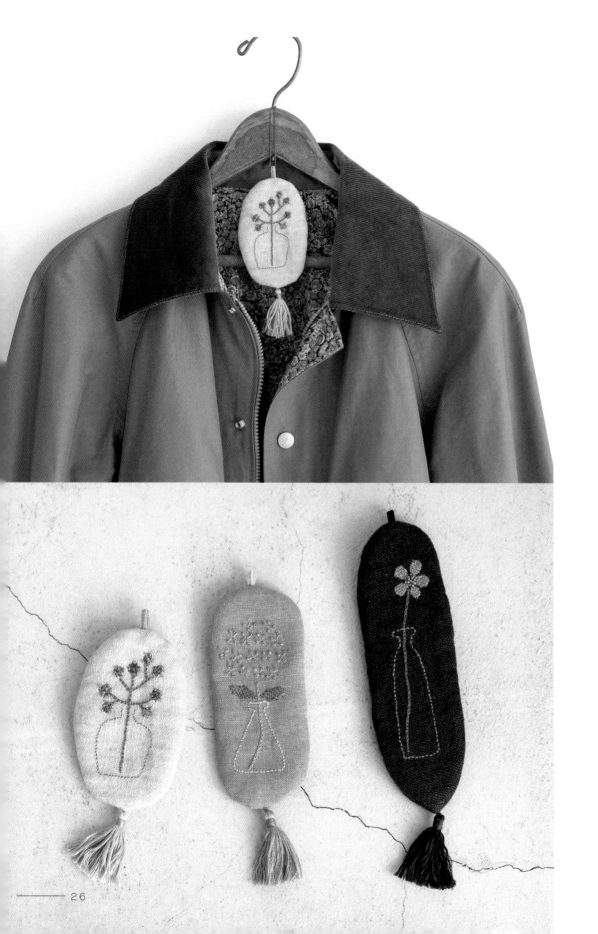

オーナメント

リネンで、季節を問わず飾れる壁飾り。
中にポプリを入れて、
サシェとして活用するのもおすすめです。

図案・型紙 ... p.82
仕立て方 ... p.84

ハンカチや服などにあしらってみましょう。

12 花とイヌ

図案 ... p.85

13 星空観察

図案 ... p.85

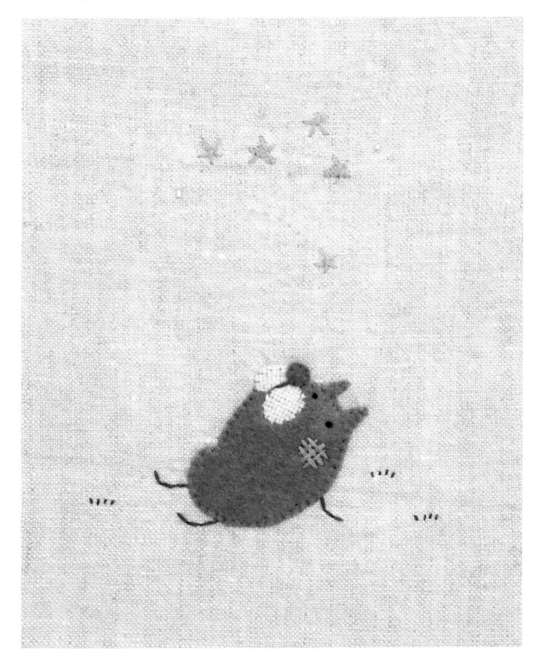

14

クマ（組）体操

———

図案 ... p.86

15

フラワーサークル

———

図案 ... p.86

16

クマとコアラ

―――
図案 … p.87

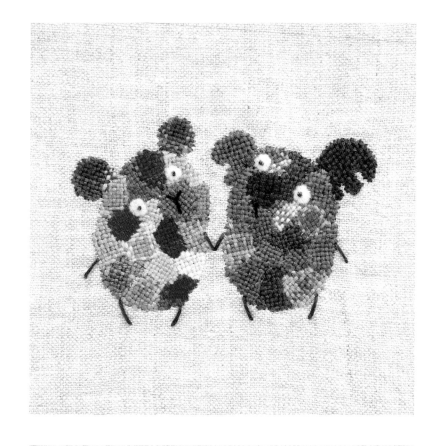

17

2匹のウサギ

―――
図案 … p.87

18 シャイなタヌキ
図案 ... p.88

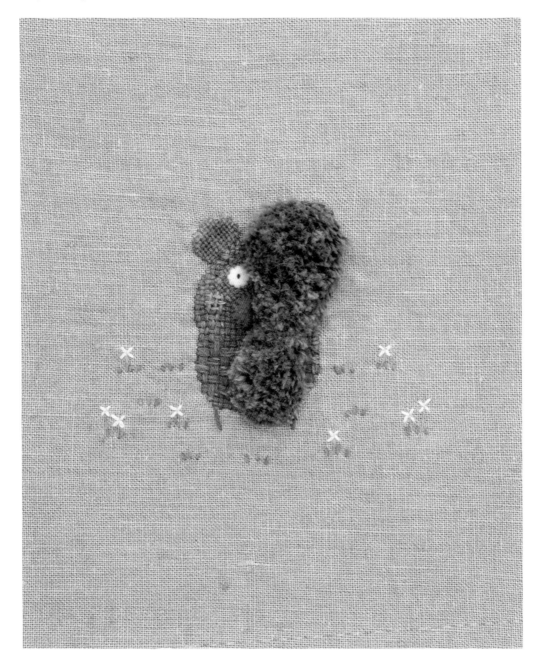

19

ヒマワリとクマ

図案 … p.88

20

バナナとゾウ

図案 … p.88

21

チョウチョを見上げて

図案 ... p.89

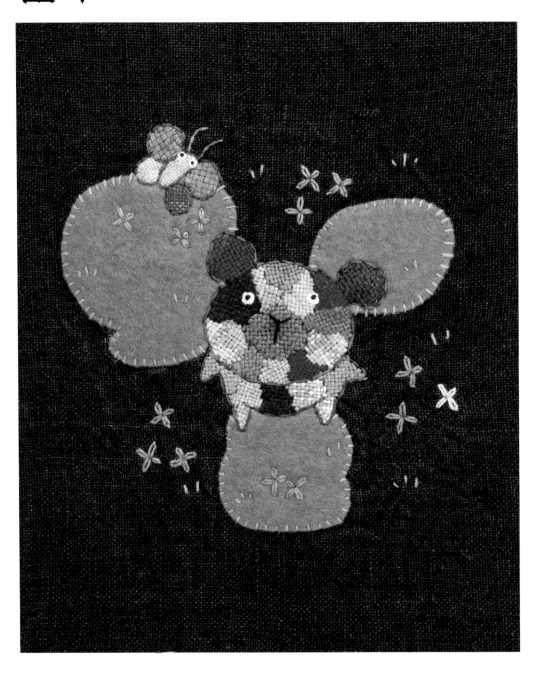

22 レインコート

図案 ... p.89

23

シルエット

図案 ... p.90

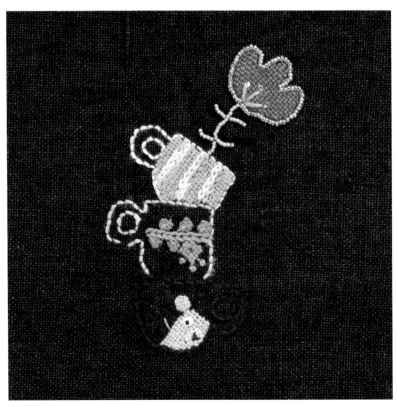

24

マグカップ

図案 ... p.90

25

にゃんキャンディ
―――
図案 … p.91

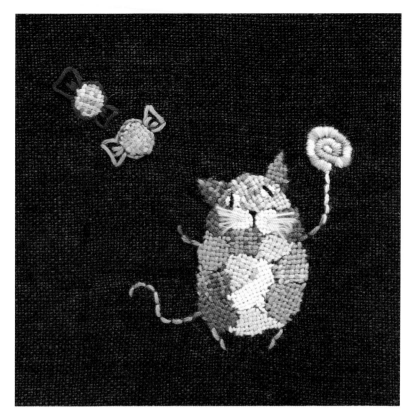

26

幾何学模様
―――
図案 … p.91

27

ヤギ
——
図案 … p.92

28 ウサギ
―
図案…p.92

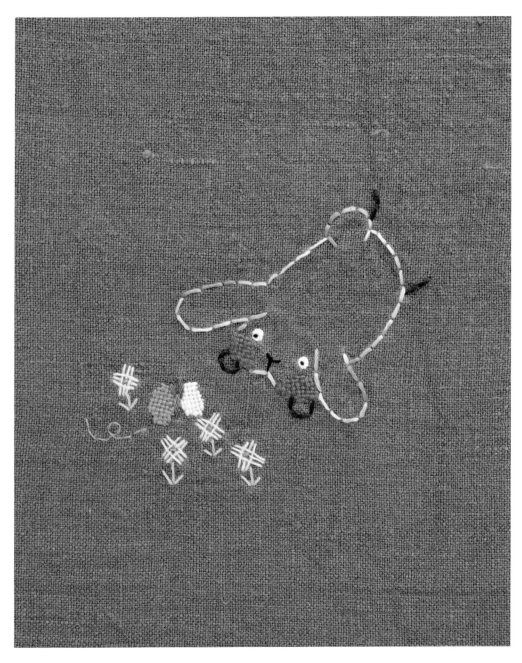

29

つぼみと茎

―

図案 … p.93

30

青いサンゴ

―

図案 … p.93

31

黄色い海藻

―

図案 … p.93

32

紫の花
——
図案 ... p.94

33

赤い花
——
図案 ... p.94

34

小さい花
——
図案 ... p.94

HOW TO MAKE

それでは、実際にダーニング刺繍を刺してみましょう。
きれいに刺すコツはありますが、細かい決まり事はないので、
大らかな気持ちで楽しんで刺してください。

道具

特別な道具が少なくてよいのが、ダーニング刺繍のよいところ。
手軽に始めることができます。

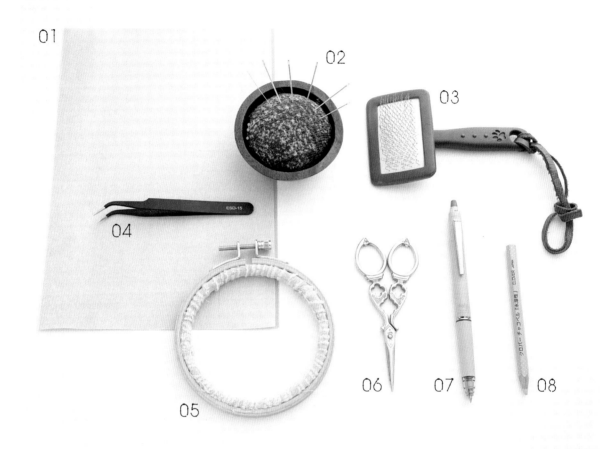

01 **チャコペーパー**（片面）
　　図案を写す時に使用。

02 **針**
　　糸の太さによって、手縫い用、刺繍用、
　　ビーズ刺繍用の針を使い分けます。

03 **ペット用ブラシ**
　　糸をほぐす時に使用。
　　ぬいぐるみ用の毛立てブラシでも。

04 **ピンセット**
　　フェルトをつまんで毛羽立てたり、
　　細かいパーツを持ったりするのに便利。

05 **刺繍枠**
　　小さめのものが使いやすい。
　　布を巻くとすべりにくく安定します。

06 **糸切りばさみ**
　　家にあるものでOKです。

07 **ボールペン**
　　熱でインクが消えるタイプ。図案を描いたり、
　　チャコペーパーの上からなぞる時にも使えます。

08 **チャコペン**
　　濃い色の布に図案を写す際、明るい色の
　　チャコペンで描き足すと見えやすくなります。

布

この本では基本的に、すべて地の布はリネンを使用しています。
薄手、厚手、目が細かい、粗いなどいろいろあるので、好みのものを探しましょう。

リネン（厚手）

本書で最も多く使用。ざっくりした風合いがダーニング刺繍によく合います。

リネン（薄手）

柔らかいので、細かい表現が可能。刺繍する際、裏側に接着芯を貼って補強します。

オーガンジー

ダーニング刺繍と組み合わせて、透け感を活かした表現に使用します。ビーズとの相性も◎。

フェルト

羊毛100％のものを使用。ほぐしてフワフワにしたり、好きな形に切り抜いて、直接縫いつけたりします。

糸

基本的にはどんな糸でも使えます。刺繍や刺し子をして余った糸が大活躍します。

使用糸：COSMO25番刺繍糸

25番刺繍糸

光沢があり、色数も豊富。細い糸を6本より合わせたものなので、必要な本数を引き出し、太さを調整できます。

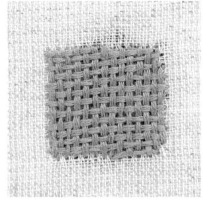

使用糸：ENNESTE 20/3

刺し子糸

綿100％の刺し子専用糸。甘撚りなのでねじれにくく、ふっくら仕上がります。

使用糸：フジックス MOCO

手縫い用ステッチ糸

ボタンつけなどに使える丈夫なステッチ糸。本書で使っている糸の中では太めです。

基本のダーニング

基本的なダーニングステッチの刺し方を解説します。
中心から刺し始めることで、どんな形にも対応できます。

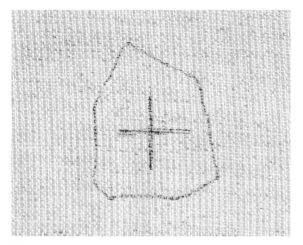

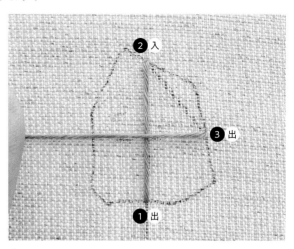

1 チャコペーパーなどを使用して図案を生地に
写します。刺す方向の目印になる十字も書いて
おきます。

2 裏側から針を出し、まずは中心あたりが十字
になるように刺します。糸端は裏側で長く残し
ておきます。

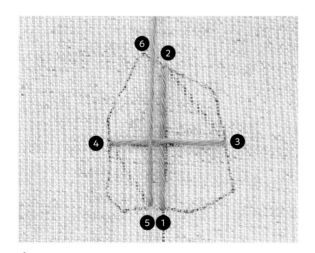

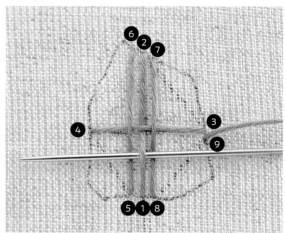

3 最初の十字を中心にして、タテ糸の両側に1
本ずつ足します。糸1本分のすき間をあけながら
刺します。

4 次にヨコ糸の上下に1本ずつ足します。タテ
糸を交互にすくいます。

→次のページに続きます

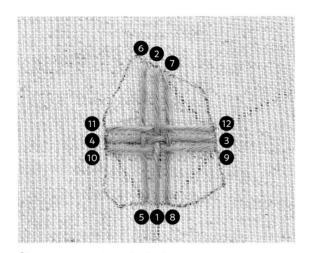

5 タテ糸、ヨコ糸が3本ずつ刺せたところ。

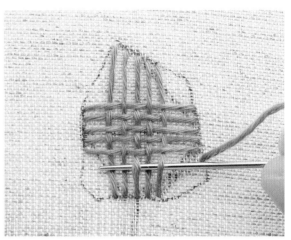

6 最初の十字がうまくいったら、あとは中心からどんどん糸を交互にすくいながら、刺し進めます。

7 進めていくと、だんだんすき間が詰まってきます。

8 完成。裏側で玉どめ、または糸を3〜4回くぐらせて処理します。

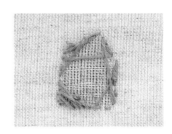

裏側はこんな感じ。

〈 グラデーションの作り方 〉

単色の糸を複数組み合わせて、グラデーションを作る方法を紹介します。

2色のグラデーション

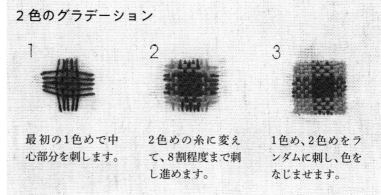

1 最初の1色めで中心部分を刺します。

2 2色めの糸に変えて、8割程度まで刺し進めます。

3 1色め、2色めをランダムに刺し、色をなじませます。

3色のグラデーション

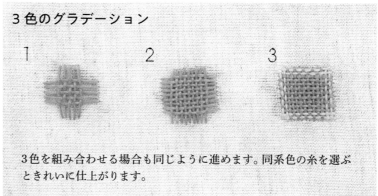

3色を組み合わせる場合も同じように進めます。同系色の糸を選ぶときれいに仕上がります。

〈 すくう本数を変える 〉

2本ずつすくうか、1本ずつすくうかによって、ダーニングステッチの目の細かさが変化し、同じ色でもメリハリが出ます。

実際に図案を刺してみましょう

基本的な手順を紹介します。

1 図案を布に写します。ブロックも忘れずに。

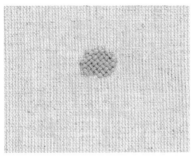

2 p.47を参照し、顔の中心部分（鼻）から刺していきます。

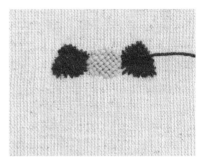

3 ほっぺを刺します。口角が上がって見えるように、十字がちょっと上がり気味なのがポイント。

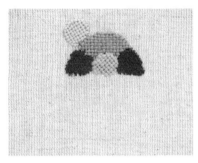

4 基本的に刺す順番はお好みでOK。ステッチの向きは十字を参考にしてください。

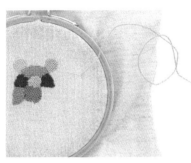

5 糸が長めに余り、また使うようなら切らずに休めておきます。糸端がからみにくいように表に出し、使う時に抜きます。

6 あらかた刺し終わりました。手足と鼻もステッチします。

〈フェルトで目を作る方法〉

7 フェルトで目を作る方法です。白いフェルトを顔の大きさに合わせて丸くカットします。

8 フェルトを白い糸でかがります。黒目は玉どめをして、糸端は裏側に入れて処理します。

〈 糸で目を作る方法 〉

1　目をつけたい位置に十字を刺します。

2　十字を中心にして、タテ糸、ヨコ糸を3本ずつ刺します。

3　周りを1本ずつすくって1周します。糸を引きながら刺すときれいな丸になります。

4　黒目は玉どめをして、糸端を裏側に入れて処理します。

5　できあがり。

目に使っているのは
レース糸 #40／オリムパス

いろいろなステッチ

本書では、ダーニングステッチ以外にもいろいろなステッチを使っています。

〈 ストレートステッチ 〉

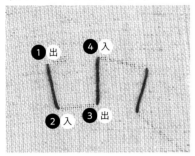

まっすぐに刺すだけのシンプルなステッチ。動物の手足の表現に。すき間なく面を埋めるように刺すとサテンステッチになります。

〈 ランニングステッチ 〉

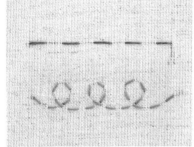

いわゆる並縫い。等間隔でざくざく刺します。

〈 バックステッチ 〉

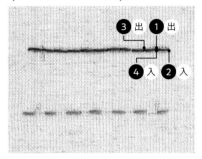

ひと目ずつ戻りながら線を描くステッチ。上はひと目全部戻り、線がつながります。下は間隔をあけて戻ります。ランニングステッチより、ひと目がふっくらと仕上がります。ランダムな向きにバックステッチをして面を埋める方法もあります。

〈 フライステッチ 〉

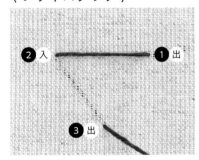

1 まっすぐに横に刺し、その下から糸を出します。

2 Yの字になるように糸をたるませます。

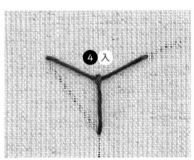

3 たるませた位置に針を入れます。フライステッチは動物の口や鼻によく使います。

〈 コロニアルノットステッチ 〉

1 裏から針を出し、写真のように糸をかけます。

2 針を同じ穴に垂直に刺します。

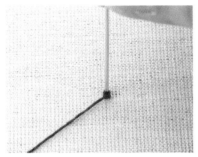

3 糸がたるまないように軽く引っ張りながら、針を裏側に入れます。

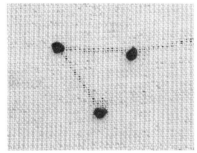

4 この方法だと、フレンチノットステッチよりも形がまん丸になり立体的に仕上がります。

〈 コーチングステッチ 〉

1 描きたい曲線になるように芯糸を刺します。糸始末はまだしないでおきます。

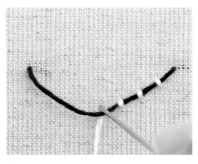

2 別の糸で、芯糸をとめていきます。

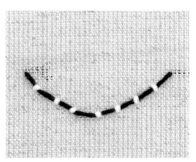

3 形を整え、裏で糸の始末をしてできあがり。なめらかな曲線が描けるステッチです。

〈 チェーンステッチ 〉

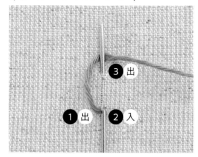

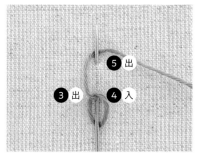

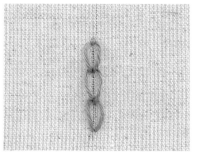

1　❶から針を出し、同じ穴❷に入れます。糸を針にかけて❸に出します。

2　同様に繰り返します。

3　最後は針を刺して終わります。ひと粒のみだとレゼーデージーステッチになります。

〈 ターキーノットステッチ（スミルナステッチ） 〉

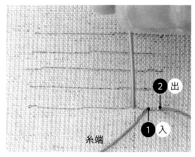

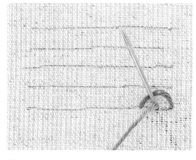

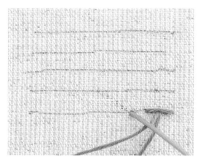

1　針を入れる位置の目安を布に描いておき、バックステッチの要領でひと目刺します。この時糸端は引き切らず、表に残しておきます。

2　❶と同じところから針を出します。

3　糸を引き、糸端が抜けないように固定します。半目先に針を入れます。

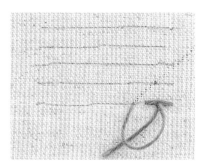

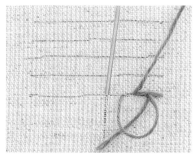

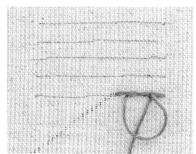

4　糸を引く時にたるませてループを作ります。ループは下に向くようにします。

5　半目戻ったところから針を出し、ひと目先に針を入れます。

6　糸を引きます。

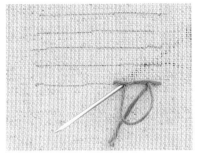

7 半目手前から針を出します。

8 ひと目先に針を入れ、ループを作ります。

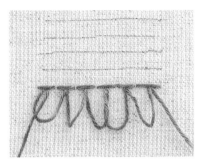

9 ループを作る、糸を引く、を繰り返します。写真は下1段が刺し終わったところ。

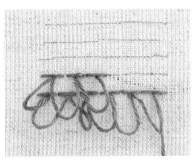

10 2段目に進み、同じ刺し方を繰り返します。進行方向が逆になります。

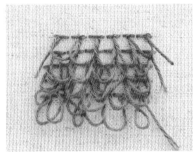

11 すべての段を刺し終えたところ。ループの向きはすべて下に向けておきます。

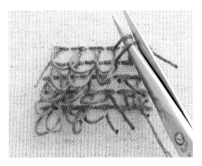

12 ループの輪をはさみでカットします。

13 糸をペット用ブラシでほぐします。

14 長さを整えてできあがり。デザインによって間隔をもっと密にしたり、色を混ぜたりすることもあります。

〈 フェルトを縫いつける 〉

フワフワのフェルトを縫いつける方法を紹介します。

しっかり縫いとめれば、洗濯しても大丈夫です。市販の羊毛フェルトでもOK。

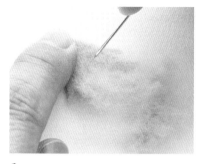

1 ピンセットや針の先で、シート状のウールフェルトをひっかき、フワフワにします。

2 図案の上にのせます。

3 大まかに図案の形に合わせて置いたら、裏から針を出して中心をとめます。

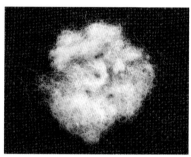

4 バックステッチで何カ所かとめるようにして縫っていきます。

5 端は図案のラインに合うように、針先で形を整えながら進めます。

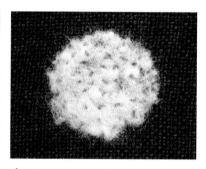

6 細かくステッチを入れ、フェルトがしっかり固定されたらできあがり。

〈 ビーズで面を埋める 〉

ビーズで面を埋める方法を紹介します。

細いミシン糸（90～60番）、ビーズの穴に通るビーズ専用針を使用してください。

1 図案を布に写し、縫い進める方向の目安も描いておきます（円形ならうずまきの線を描き、外側から縫います）。

2 ビーズ専用針に糸を通し、裏から表に糸を出します。

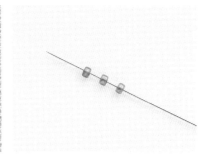

3 ビーズを3個通します。この本では、3個ずつ縫っていきます。

4 3個分先に針を入れ、裏に出します。

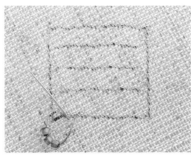

5 ビーズ1個分戻った位置から、針を出します。

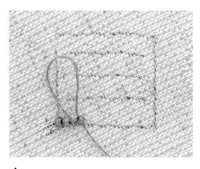

6 3個目のビーズに針を通し、糸を引きます。

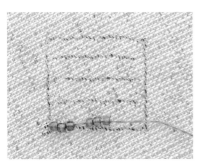

7 次のビーズ3個を通します。4～6を繰り返します。

8 3個ビーズを通す、1個分戻って3個目のビーズに通す、を繰り返して進めます。

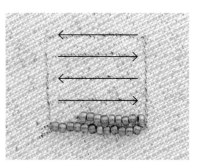

9 2段目に進む時は進行方向が逆になります。蛇行するように進んで埋めていきます。

立体的な花を作ってみましょう

水に溶ける不織布にステッチを刺して最後に溶かせば、
立体的な花が作れます。アクセサリーやアップリケにぴったり。

使用しているのは「キルターズ
シークレット」(日本バイリー
ン株式会社)。白色なので図案
も写しやすく、糸の色も見え
やすい。

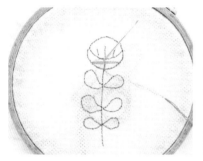

1 図案を不織布に写し、ステッチ
していきます。

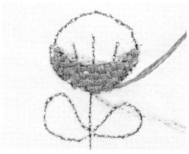

2 p.47を参照して、ダーニングス
テッチを刺します。

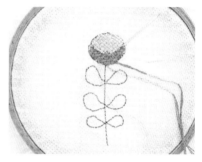

3 縫い終わった糸は始末せずに、
あとで使用するため休めておきま
す。

4 周りをかがっていきます。休
めていた糸で周囲を並縫いし、ラ
インをとります(わかりやすいように
糸の色を変えています)。

5 このラインが目印になります。
小さめにすくい、表に出る糸を長
めにしておきます。

6 ラインの糸を覆うように、不織
布も一緒に巻きかがりで縫ってい
きます。

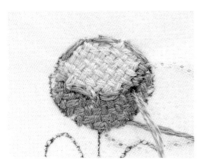

7 どんどん進めていきます。糸がゆるんですき間があかないように気をつけます。

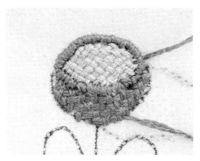

8 1周しました。

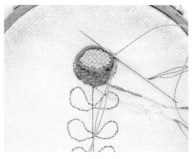

9 糸を始末します。巻きかがり3目くらいに、針を入れます。

10 糸を引き、短くカットします。

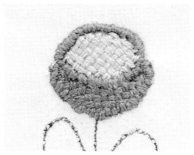

11 基本的に、周囲はすべて巻きかがりで始末します。不織布を溶かしても形が崩れません。

→次のページに続きます

普通の布の上に、別の種類の布を貼り合わせる場合も巻きかがりで縫います。土台にする布の裏側には、接着芯を貼って丈夫にしておきます。

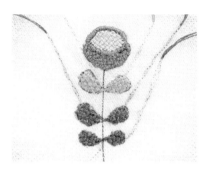

12 葉っぱもダーニングステッチで刺します。巻きかがりのための糸を休ませておきます。

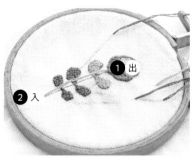

13 茎を作ります。ストレートステッチでまっすぐ1本、ラインをとります。

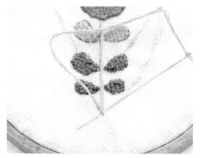

14 茎の先で、写真のように糸を出し、針を入れて糸を引きます。

15 写真のように、輪になったところに針を入れます。

16 糸を引き、茎の一番下を固定します。これで端がきれいに見えます。

17 巻きかがりで、13のラインの糸をくるむように不織布ごと縫っていきます。

18 茎ができたところ。葉っぱの周りも巻きかがりします。

19 お好みでビーズを縫いつけます。

20 刺繍枠から外し、図案の周囲を大まかに切って水に浸けます。

21 不織布が溶けて、刺繍した部分だけが残ります。

22 ティッシュなどで軽く押さえ、水気を切ります。

23 完全に乾いたら完成。水に浸ける時間が5分くらいだと硬めの仕上がりに、1時間くらいだと柔らかめになります。

〈 オーガンジーで立体を作る 〉

半透明の素材を活かして立体的なモチーフを作る方法を紹介します。巻きかがりで
布端がほつれないように細かく縫い留めます。p.14「ポーチ」のチョウチョを作ってみましょう。

1 布に図案を写し、ダーニングス
テッチをします。周りはp.58同様
に、巻きかがりでしっかり縫いま
す。

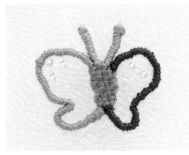

2 羽の周りと触角のラインを並
縫いし、巻きかがりで縫います。
ビーズも刺繍しておきます。

3 刺繍部分に、ほつれ止めを塗り
ます。

4 ほつれ止めを塗る範囲はこれ
くらい。乾いたら目立たなくなり
ます。

5 乾いたら刺繍枠から外し、巻
きかがり部分のきわをカットしま
す。

6 できあがり。このようなパーツを小
物につけると、アクセントになります。

COLUMN

まち針をアレンジ

普段使用している手芸道具をダーニング刺繍でかわいくアレンジしてみましょう。
よく使うまち針が、かわいいクマやお星さまに大変身。
たくさん作って針山に刺しておけば、手芸時間が楽しくなります。

表

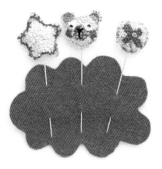

裏

作り方

1 布に図案を写し取り、刺繍枠をはめて刺繍する。
 図案のきわをはさみで切り抜く。

2 まち針の頭を間にはさみ、
 表側と裏側の布を外表に合わせる。

3 わたを少量詰めながら、
 周囲をブランケットステッチでかがっていく。

頭の部分が平たい、写真のようなタイプのまち針がおすすめ。

実物大図案

実物大図案

01
ブローチ

キラキラのビーズ、フワフワのしっぽ、
お花やポンポンのパーツ…。
かわいく見える仕掛けがたくさんの
ブローチたち。

――
写真…p.6

A イヌのブローチ

C312
ストレートS

C478

C478
ターキーノットS
切りっぱなし
木工用接着剤で
硬くする

C475

Oブラック

Oホワイト

C2001
ターキー
ノットS

✕に花、茎をつける

C578
バックS

C578
C9012

C2037

イヌのしっぽ

C478
ターキー
ノットS

×2

B トリのブローチ

ビーズ（1.5mm）で
埋める

C2001
コロニアルノットS

C2001
サテンS

C2001
ダーニングS
2本ずつすくう

C2003

ビーズ
（1.5mm）
縁取る

Oホワイト

C2001

C9010

ビーズ（1.5mm）で
埋める

C2702
サテンS

C9010

C2652

ビーズ
（1.5mm）

ビーズ（2mm）
で埋める

C566

C634
ダーニングS
2本ずつすくう

C675A
バックS

C675A
ストレートS

C334
コロニアルノットS

C634
オーガンジーに刺す
（p.62参照）

25番刺繍糸は
すべて3本取り

M…フジックス　MOCO
E…ENNESTE　20/3
C…ルシアン　COSMO25番刺繍糸
O…オリムパス　#40レース糸

「A イヌのブローチ」の花
オーガンジーに刺す（p.62参照）

C224

ビーズ（1.5mm）

糸端を残しておき、
イヌの本体に
縫いつける時に使う

C2631

C2652

ビーズ（2.0mm）

C633

C ポンポンを持った
クマのブローチ

前

M804

M172

M168

M247

M249

ビーズ（1.5mm）

M168

M261

M805

前

M331

M89

後ろ

M808

M249

M355

M355

M89

M172

M168

M144

M808

D お花を持った
クマのブローチ

前

M5

M183

M168

M249

M810

M808

M144

M247

M805

M168

後ろ

M218

M818

M247

M816

M89

M144

M218

M808

M355

M13

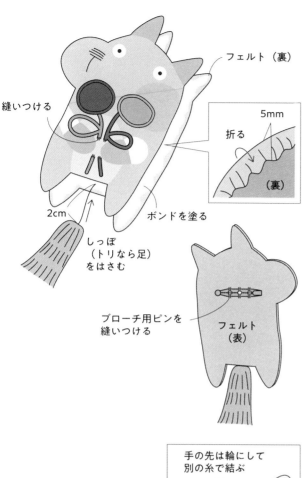

フェルト（裏）

縫いつける

折る

5mm

（裏）

2cm

しっぽ
（トリなら足）
をはさむ

ボンドを塗る

ブローチ用ピンを
縫いつける

フェルト
（表）

手の先は輪にして
別の糸で結ぶ

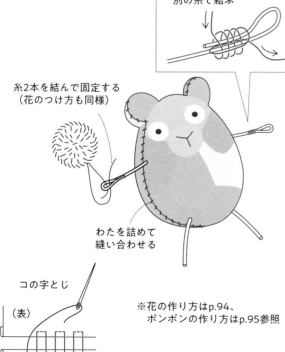

糸2本を結んで固定する
（花のつけ方も同様）

わたを詰めて
縫い合わせる

コの字とじ

（表）

（表）

※花の作り方はp.94、
ポンポンの作り方はp.95参照

仕立て方

A イヌのブローチ

B トリのブローチ

[用意するもの]（1個分）
◎表布（リネン）…適量
◎オーガンジー…適量
◎フェルト…適量
◎ブローチ用ピン…1個
ほかダーニング用糸、ビーズ、手縫い糸　など

1　図案を布に写し取り、刺繍枠をはめてダーニング
ステッチとビーズ刺繍で埋める。刺繍の周囲5mm程度
の縫いしろを残し、はさみで切り抜く。

2　イヌの花、トリの足はp.62を参照しながらオーガン
ジーに刺して、イヌの花は指定の位置に縫い付ける。

3　イヌのしっぽはターキーノットステッチを刺した後
外表に合わせて縫い、上側中央に糸端を2cmほど残し
ておく。

4　表布の縫いしろを裏側に倒し、木工用接着剤で固
める。

5　図案と同じ形にフェルトを切り抜き、ブローチ用
のピンを縫い付ける。

6　フェルトの裏側全面に木工用接着剤を塗り、1と
外表に合わせて接着する。その際、イヌはしっぽ、ト
リは足のパーツをはさみ込む。

――

C ポンポンを持ったクマのブローチ

D お花を持ったクマのブローチ

[用意するもの]（1個分）
◎表布（リネン）…適量
◎革ひも…10cm
◎ブローチ用ピン…1個
ほかダーニング用糸、ビーズ、手縫い糸、
手芸用わた　など

1　型紙を布に写し取り、刺繍枠をはめてダーニング
ステッチとで埋め、ビーズも適宜つける。刺繍の周囲
5mm程度を残し、はさみで切り抜く。

2　手足をつけたい位置に目打ちで穴をあけて革ひ
もを通し、裏側で結び目を作り、抜けないように固定
する。手の先にポンポンまたはお花を縫いつける。

3　背中側の図案と外表に合わせて、縫いしろを内側
に折り込み、わたを詰めながらコの字とじで縫う。

4　ブローチ用ピンを背中につける。

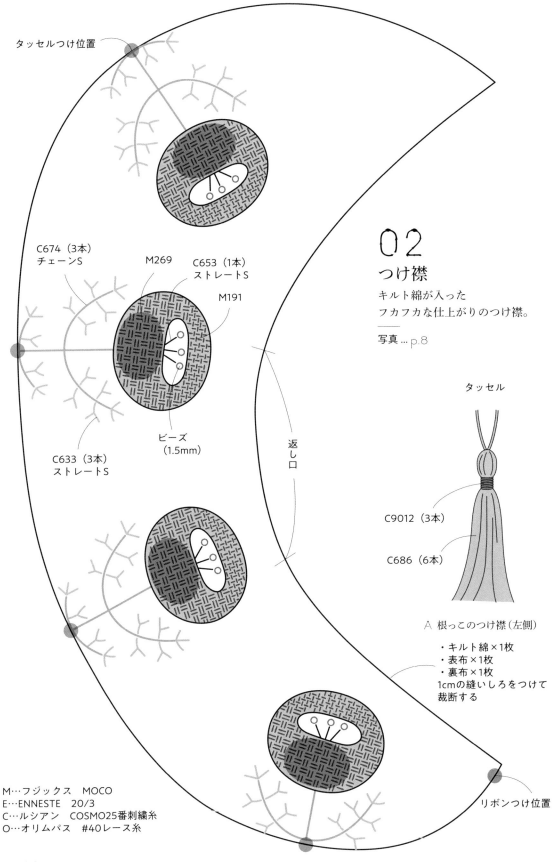

タッセルつけ位置

C674（3本）
チェーンS

M269

C653（1本）
ストレートS

M191

ビーズ
（1.5mm）

C633（3本）
ストレートS

返し口

02
つけ襟
キルト綿が入った
フカフカな仕上がりのつけ襟。

写真…p.8

タッセル

C9012（3本）

C686（6本）

A 根っこのつけ襟（左側）

・キルト綿×1枚
・表布×1枚
・裏布×1枚
1cmの縫いしろをつけて
裁断する

リボンつけ位置

M…フジックス　MOCO
E…ENNESTE　20/3
C…ルシアン　COSMO25番刺繍糸
O…オリムパス　#40レース糸

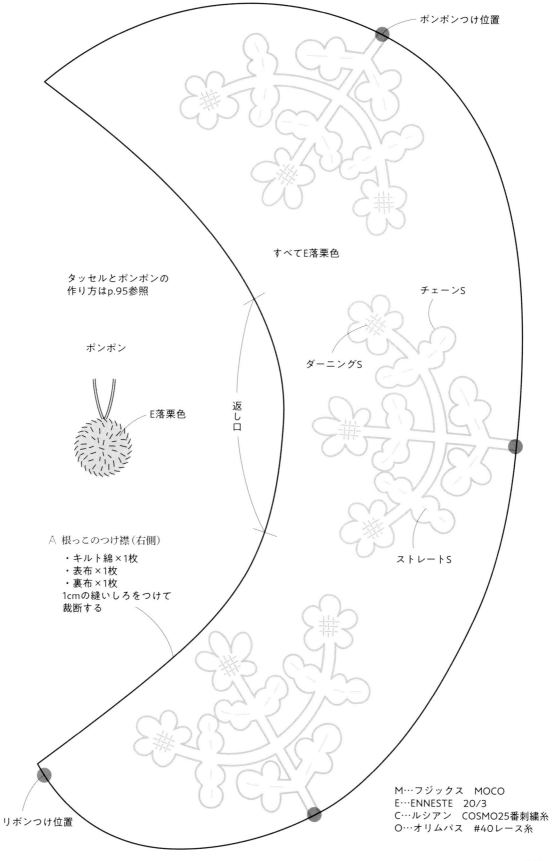

ポンポンつけ位置

すべてE落栗色

タッセルとポンポンの
作り方はp.95参照

ポンポン

E落栗色

返し口

チェーンS

ダーニングS

ストレートS

A 根っこのつけ襟（右側）
・キルト綿×1枚
・表布×1枚
・裏布×1枚
1cmの縫いしろをつけて
裁断する

リボンつけ位置

M…フジックス　MOCO
E…ENNESTE　20/3
C…ルシアン　COSMO25番刺繍糸
O…オリムパス　#40レース糸

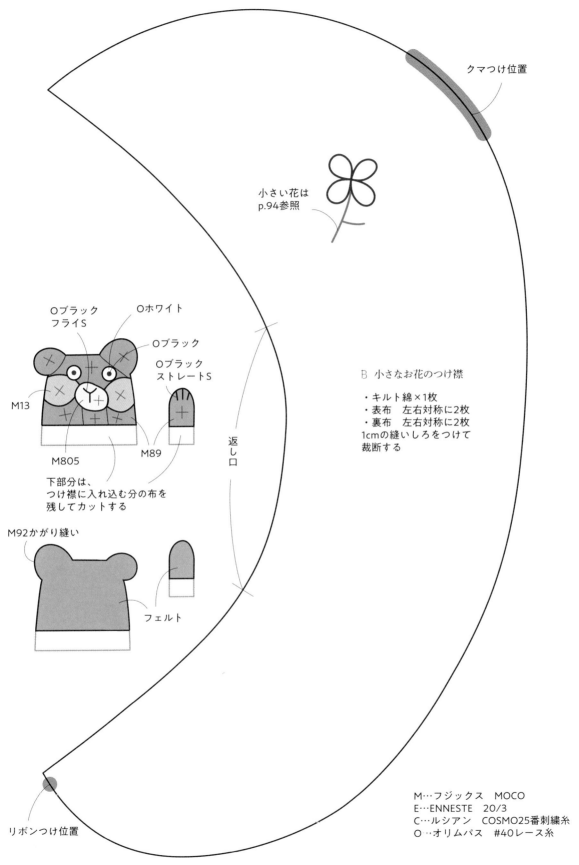

クマつけ位置

小さい花は
p.94参照

Oブラック
フライS

Oホワイト

Oブラック

Oブラック
ストレートS

M13

M805

M89

下部分は、
つけ襟に入れ込む分の布を
残してカットする

M92かがり縫い

フェルト

返し口

B 小さなお花のつけ襟

・キルト綿×1枚
・表布　左右対称に2枚
・裏布　左右対称に2枚
1cmの縫いしろをつけて
裁断する

リボンつけ位置

M…フジックス　MOCO
E…ENNESTE　20/3
C…ルシアン　COSMO25番刺繍糸
O …オリムパス　#40レース糸

仕立て方

A 根っこのつけ襟

[用意するもの]
◎表布(リネン)…40×40cm
◎裏布(リネン)…40×40cm
◎キルト綿…適量
◎ベロアリボン(4mm幅)…1m
ほかダーニング用糸、ビーズ、手縫い糸　など

1 表側の布に、型紙と図案を布に写し取り、刺繍枠をはめて刺繍する。1cmの縫いしろをつけ、はさみで切り抜く。

2 キルト綿を、つけ襟と同じ大きさにカットして表布の裏に縫いつけたあと、ビーズを全体に縫いつける。

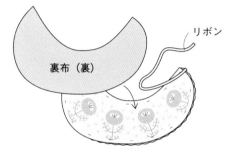

3 裏布と中表に合わせ、リボン(50cm)をそれぞれのつけ位置にはさむ。

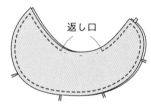

4 返し口を残して、ぐるりと縫う。タッセル(またはポンポン)を縫いつける。

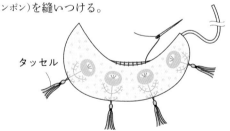

5 表に返し、返し口をコの字とじ(p.65参照)で縫う。反対側の襟も同様に作る。

6 リボンがついていない方のつけ襟の端を、糸で縫いつなげる。

──

B 小さいお花のつけ襟

[用意するもの]
◎表布(リネン)…40×40cm
◎裏布(リネン)…40×40cm
◎キルト綿…適量
◎ベロアリボン(4mm幅)…1m
ほかフェルト、ダーニング用糸、手縫い糸　など

1 小さい花(p.94参照)、クマの図案をそれぞれ作る。

2 1cmの縫いしろをつけて裁断し、表布の裏面につけ襟と同じ大きさにカットしたキルト綿を接着する。小さい花をお好みの位置に縫いつける。

3 裏布と中表に合わせ、クマ、リボン、(お好みで)花をはさむ。返し口を残してぐるりと縫う。

4 表に返し、返し口をコの字とじ(p.65参照)で縫う。反対側の襟も同様に作る。

5 リボンがついていない方のつけ襟の端を、糸で縫いつなげる。

好きな
数だけ作る

フェルト

かがり縫い

表布Aの図案

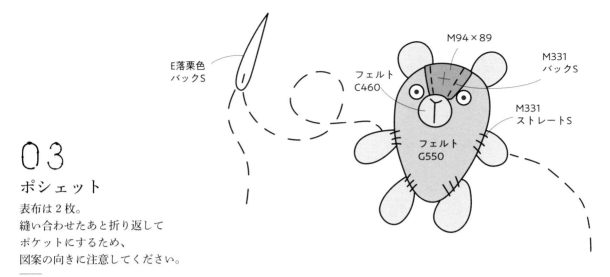

E落栗色
バックS

M94×89

M331
バックS

フェルト
C460

M331
ストレートS

フェルト
G550

03

ポシェット

表布は2枚。
縫い合わせたあと折り返して
ポケットにするため、
図案の向きに注意してください。

写真 ... p.13

表布Bの図案

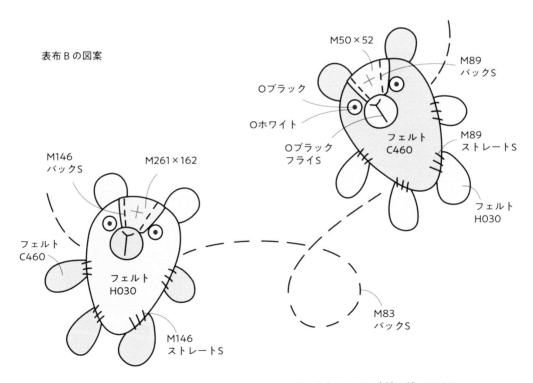

M50×52

M89
バックS

Oブラック

Oホワイト

フェルト
C460

Oブラック
フライS

M89
ストレートS

M146
バックS

M261×162

フェルト
H030

フェルト
C460

フェルト
H030

M83
バックS

M146
ストレートS

・フェルトはp.56の方法で縫いつける
　使用フェルト…ピュアウール100（サンフェルト）
　使用糸…E落栗色

M…フジックス　MOCO
E…ENNESTE　20/3
C…ルシアン　COSMO25番刺繍糸
O…オリムパス　#40レース糸

仕立て方　［用意するもの］（1個分）
◎表布（リネン）…80×80cm
◎裏布（リネン）…40×20cm
◎玉つきファスナー（14cm）…1本
◎綿ロープ…180cm
ほかダーニング用糸、フェルト、手縫い糸　など

1　表布に図案を写し取り、刺繍枠をはめて刺繍する。
下の図の通りに裁断する（縫いしろが含まれています）。

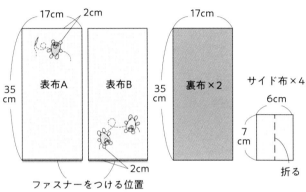

17cm　2cm
35cm
表布A　表布B
ファスナーをつける位置
2cm

17cm
35cm
裏布×2

サイド布×4
6cm
7cm
折る

2　表布A、ファスナー、裏布の順番で重ねる。裏布と
表布は中表に合わせる。上側を縫う。

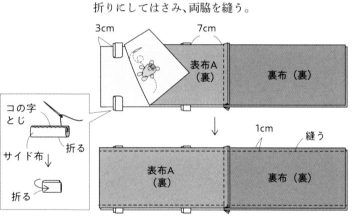

表布A（表）
ファスナー（裏）
裏布（裏）

5mm
縫う

3　表布と裏布を表に返す。反対側のファスナーにも
同じように表布B、裏布を縫いつける。

表布A（表）

4　図のように開く。表布の方には、サイド布を二つ
折りにしてはさみ、両脇を縫う。

3cm　　7cm
表布A（裏）　裏布（裏）

コの字とじ
折る
サイド布
折る

1cm
縫う
表布A（裏）　裏布（裏）

5　表に返し、表布の中に裏布を入れ込む。縫いしろ
（1cm）を折り込みながら、表布と裏布をコの字とじ（p.65
参照）する。下から11cmのところと、両脇を上から
ステッチする。

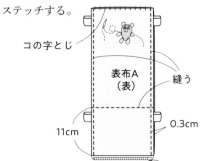

コの字とじ
表布A（表）
縫う
11cm　0.3cm

6　下から11cm縫ったところで谷折りにし、両脇を3
カ所ずつ縫いとめてポケットにする。サイド布パーツ
に綿ロープを通し、抜けないように結び目をつくる。

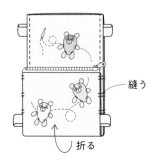

縫う
折る

04

ポーチ

オーガンジーのチョウチョは
中央だけ軽く縫いとめて、
羽がひらひらするようにします。

写真 ... p.14

・表布×2枚
・裏布×2枚

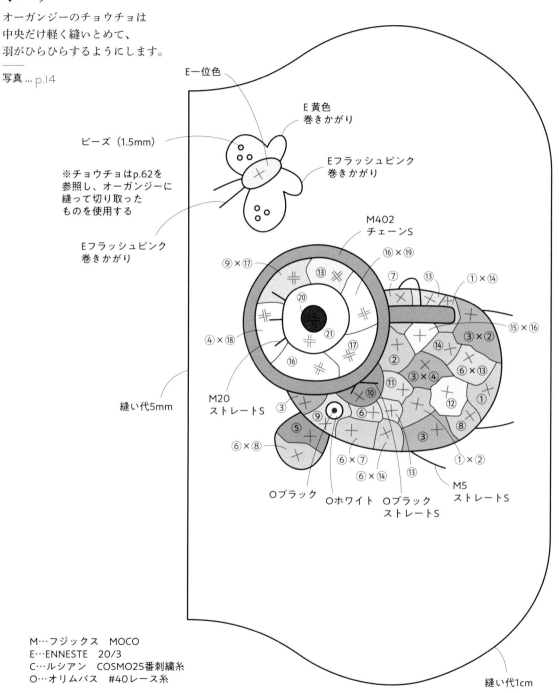

E一位色

E黄色
巻きかがり

Eフラッシュピンク
巻きかがり

ビーズ（1.5mm）

※チョウチョはp.62を
参照し、オーガンジーに
縫って切り取った
ものを使用する

Eフラッシュピンク
巻きかがり

縫い代5mm

M402
チェーンS

M20
ストレートS

Oブラック

Oホワイト

Oブラック
ストレートS

M5
ストレートS

縫い代1cm

M…フジックス　MOCO
E…ENNESTE　20/3
C…ルシアン　COSMO25番刺繍糸
O…オリムパス　#40レース糸

すべてMOCO
①266　②808　③168　④811　⑤94　⑥331　⑦249　⑧13　⑨172
⑩89　⑪816　⑫261　⑬24　⑭247　⑮162　⑯144　⑰801　⑱355
⑲3　⑳402　㉑403

仕立て方　［用意するもの］（1個分）
◎表布（リネン）…30×30cm
◎裏布…30×30cm
◎ファスナー（14cm）…1本
ほかダーニング用糸、ビーズ、手縫い糸　など

1　表布に型紙と図案を写し取り、刺繍枠をはめて刺繍する。1cmの縫いしろをつけ、はさみで切り抜く。裏布（縫いしろ1cm）、タブ、ファスナー横布（縫いしろ無し）もカットしておく。

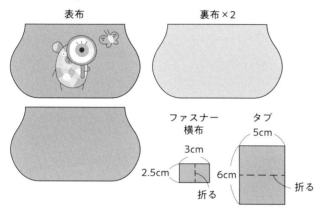

2　ファスナーの両端に横布をつける。外表に半分に折って縫いつけ、外側に倒しておく。

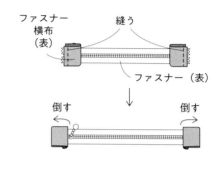

3　裏布、ファスナー、表布の順番で重ねる。裏布と表布は中表に合わせる。上側を縫う。

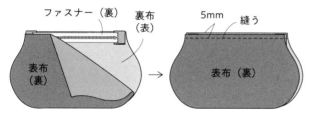

4　表布と裏布を表に返す。反対側のファスナーにも同じように裏布と表布を縫いつける。

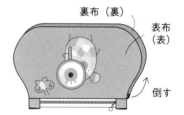

5　図のように開く。表布の方には、タブも二つ折りにしてはさむ。

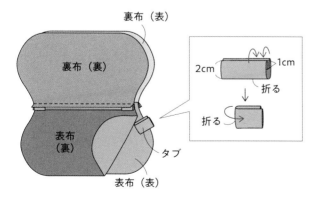

6　返し口をあけて周りをぐるりと縫う。この時、ファスナーは開けておく。

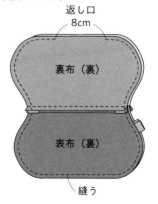

7　返し口から表に返し、コの字とじ（p.65参照）で縫う。裏布を袋になった表布の中に収め、形を整える。

05

ランチョンマット

パンと袋の図案は
別々に刺して切り抜き、
最後に合体させます。

――
写真 … p.17

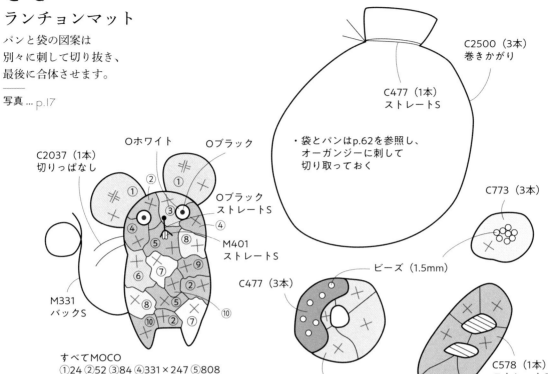

C2037（1本）
切りっぱなし

Oホワイト

Oブラック

Oブラック
ストレートS

M401
ストレートS

M331
バックS

C2500（3本）
巻きかがり

C477（1本）
ストレートS

・袋とパンはp.62を参照し、
オーガンジーに刺して
切り取っておく

C773（3本）

ビーズ（1.5mm）

C477（3本）

C2037（3本）

C578（3本）

C578（1本）
ストレートS

すべてMOCO
①24 ②52 ③84 ④331×247 ⑤808
⑥4 ⑦167×355 ⑧261×162 ⑨801
⑩247×178

M…フジックス　MOCO
E…ENNESTE　20/3
C…ルシアン　COSMO25番刺繍糸
O…オリムパス　#40レース糸

仕立て方

[用意するもの]（1個分）
◎布（リネン）…36×36cm
◎オーガンジー…適量
ほかダーニング用糸、ビーズ、手縫い糸　など

1　布に図案を写し取り、刺繍枠をはめてネズミを刺
繍する。オーガンジーにパンと袋を刺繍し、はさみで
切り抜く（p.62参照）。

2　布を裁断し、端1cmを三つ折りにして縫う。

3　ネズミの図案に、袋、パンの順番で重ねて縫いとめ
る。袋のしばり口、ねずみの手（バックS）を一番上に刺
繍する。

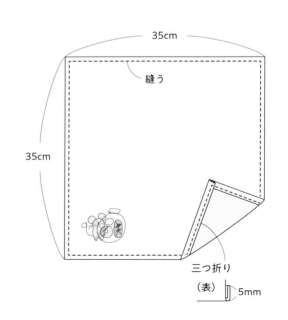

35cm

縫う

35cm

三つ折り

（表）　5mm

06

・25番刺繍糸はすべて3本どり
・A,B,Cはp.58を参照して
　溶ける不織布に刺す

イヤーカフ&イヤリング

ナキウサギのイヤーカフは、
体を折り曲げて装着します。

———

写真 … p.20

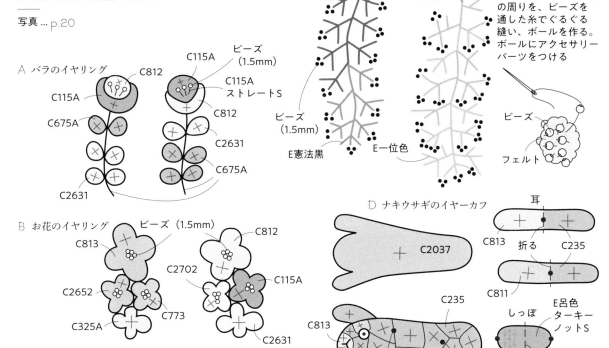

A　バラのイヤリング

C115A
C812
ビーズ
（1.5mm）
C115A
C115A
ストレートS
C812
C675A
C2631
C675A
C2631

B　お花のイヤリング

ビーズ（1.5mm）
C813
C812
C2702
C2652
C115A
C325A
C773
C2631

M…フジックス　MOCO
E…ENNESTE　20/3
C…ルシアン　COSMO25番刺繍糸
O…オリムパス　#40レース糸

C　海藻のイヤリング

E呂色
E灰色
ビーズ
（1.5mm）
E憲法黒
E一位色

小さく丸めたフェルト
の周りを、ビーズを
通した糸でぐるぐる
縫い、ボールを作る。
ボールにアクセサリー
パーツをつける

ビーズ
フェルト

D　ナキウサギのイヤーカフ

C2037

耳
C813
折る
C235
C811
しっぽ
E呂色
ターキー
ノットS
折る

C235
C813
Oブラック
フライS
Oホワイト
Oブラック
耳
つけ位置
しっぽ
つけ位置
Oブラック　つけ位置

仕立て方

A　バラのイヤリング
B　お花のイヤリング
C　海藻のイヤリング

[用意するもの]（1組分）
◎溶けるタイプの不織布…適量
◎イヤリング（またはピアス）パーツ…1組
ほかダーニング用糸、ビーズ、フェルト、接着剤　など

1　p.58を参照し、溶けるタイプの不織布に図案を写
し取り、刺繍枠をはめて刺繍する。不織布を水に浸け
て溶かし、刺繍部分を取り出して乾かす。

2　裏側にイヤリング（またはピアス）パーツを接着剤で
つける。必要であればフェルトであて布をしたり、糸
で縫ったりして補強する。

※Cのアクセサリーパーツのつけ方は図案参照

D　ナキウサギのイヤーカフ

[用意するもの]
◎表布（リネン）…10×10cm
◎手芸用ワイヤー…10cm
ほかダーニング用糸、手縫い糸　など

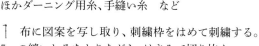

1　布に図案を写し取り、刺繍枠をはめて刺繍する。
5mmの縫いしろをとりながら、はさみで切り抜く。

2　ワイヤーをナキウサギの大きさに合わせて楕円形
の輪にする。

3　体の図案を外表に合わせ、ワイヤーを間にはさむ。
わたを詰めながら、縫いしろを内側に折り込み、コの
字とじ（p.65参照）で縫う。耳、しっぽを半分に折って周
りをコの字とじし、つけ位置につける。

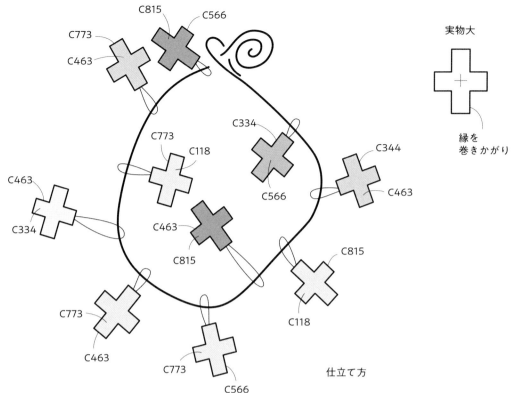

C815
C566
C773
C463
C773
C118
C334
C566
C344
C463
C463
C463
C815
C334
C815
C773
C118
C463
C773
C566

実物大

縁を
巻きかがり

・25番刺繍糸はすべて3本どり
・p.58を参照して溶ける
　不織布に刺す

M…フジックス　MOCO
E…ENNESTE　20/3
C…ルシアン　COSMO25番刺繍糸
O…オリムパス　#40レース糸

07

ブレスレット

ベロアリボンの長さは自分のお好みでOK。
使う色を絞ることで
カラフルな中にも統一感が生まれます。

―――
写真 … p.22

仕立て方

[用意するもの]
◎溶ける不織布…15×15cm
◎ベロアリボン(4mm幅)…25cm
ほかダーニング用糸、ビーズ　など

1　p.58を参照し、溶ける不織布に図案を写し取り、刺
繍枠をはめて刺繍する。不織布を水に浸けて溶かし、
刺繍部分を取り出して乾かす。

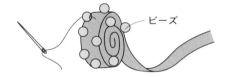

ビーズ

2　ベロアリボンにビーズを刺繍する。リボンの左端を
きつめにくるくる巻いて、直径1cmの円にし、ビーズを
通した糸で縫い固める。

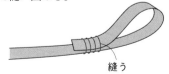

縫う

3　右端は、2で作った円が通る大きさの輪にして縫
う。

4　図案に糸をつけ、ベロアリボンに縫いつける。装着
した時に、表を向くように注意する。

08

ネックレス

輪の数を変えたり、大きさを変えたりしてみても
雰囲気が変わります。

—
写真 ... p.23

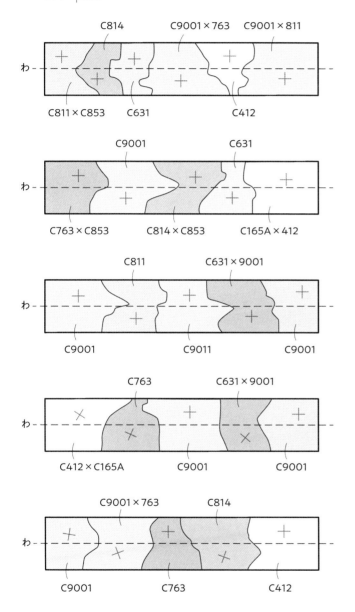

C814　　C9001×763　C9001×811

わ

C811×C853　C631　　　　C412

C9001　　　　C631

わ

C763×C853　　C814×C853　　C165A×412

C811　　　C631×9001

わ

C9001　　　　C9011　　　　C9001

C763　　　C631×9001

わ

C412×C165A　　C9001　　　C9001

C9001×763　　C814

わ

C9001　　　C763　　　C412

M…フジックス　MOCO
E…ENNESTE　20/3
C…ルシアン　COSMO25番刺繍糸
O…オリムパス　#40レース糸

・25番刺繍糸はすべて3本どり。

仕立て方

[用意するもの]
◎布(リネン)…適量
◎25番刺繍糸…適量
ほかダーニング用糸、ビーズ　など

1　布に図案を写し取り、刺繍枠をはめて刺繍する。
5mmの縫いしろをつけて、はさみで切り抜く。

2　縫いしろを折り込みながら、コの字とじ(p.65参照)
で輪にして縫う。鎖のようにいくつもつなげていく。

コの字とじ

3　25番刺繍糸を1本引き出したものを、3本用意する。
三つ編みをしながら、たまにビーズを編み込んでいく。
好みの長さになるまで編む。

ビーズ

4　3の三つ編みの糸を、2の両端の輪に縫いつけて、
目立たないところで玉どめする。

09
キーホルダー

リール部分の大きさに合わせて、
型紙の大きさも適宜変えてください。
わたを詰めてふっくらさせます。

——
写真 ... p.24

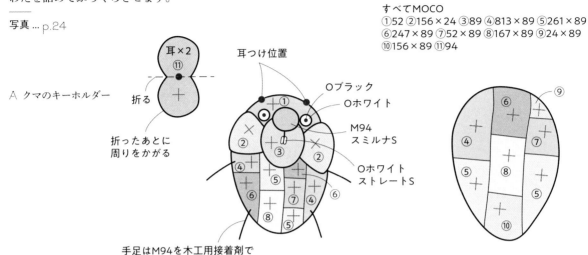

すべてMOCO
①52 ②156×24 ③89 ④813×89 ⑤261×89
⑥247×89 ⑦52×89 ⑧167×89 ⑨24×89
⑩156×89 ⑪94

耳×2 ⑪

耳つけ位置

A クマのキーホルダー

折る

折ったあとに
周りをかがる

Oブラック
Oホワイト

M94
スミルナS

Oホワイト
ストレートS

手足はM94を木工用接着剤で
かためたものを通し、
裏側で結び目を作る

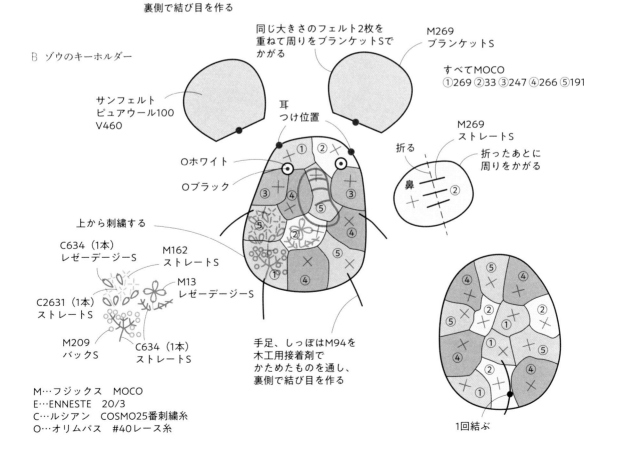

B ゾウのキーホルダー

同じ大きさのフェルト2枚を
重ねて周りをブランケットSで
かがる

M269
ブランケットS

すべてMOCO
①269 ②33 ③247 ④266 ⑤191

サンフェルト
ピュアウール100
V460

耳
つけ位置

Oホワイト
Oブラック

M269
ストレートS

折ったあとに
周りをかがる

折る

鼻 ②

上から刺繍する

C634（1本）
レゼーデージーS

M162
ストレートS

M13
レゼーデージーS

C2631（1本）
ストレートS

M209
バックS

C634（1本）
ストレートS

手足、しっぽはM94を
木工用接着剤で
かためたものを通し、
裏側で結び目を作る

1回結ぶ

M…フジックス　MOCO
E…ENNESTE　20/3
C…ルシアン　COSMO25番刺繍糸
O…オリムパス　#40レース糸

仕立て方

[用意するもの](1個分)
◎表布（リネン）…7×7cm
◎リール式キーホルダー…1個
◎丸カン（直径0.7mm）…1個
◎わた…適量
◎薄い布…適量
ほかダーニング用糸、革ひも、手縫い糸　など

1　布に図案を写し取り、刺繍枠をはめて刺繍する。
5mmの縫いしろをとりながら、はさみで切り抜く。

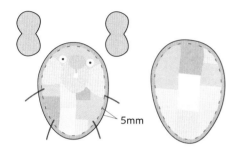

2　キーホルダーのリールから上のパーツを外し、リール部分を薄い布で包むようにして縫う。

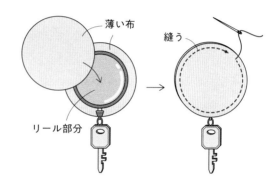

3　正面側、背中側の図案を外表に合わせる。間に薄い布で包んだリール部分をはさみ、わたを詰めながら、縫いしろを折り込んでコの字とじ（p.65参照）で縫っていく。

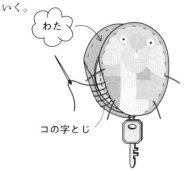

4　耳（ゾウなら鼻も）をつける。

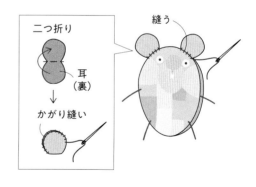

5　背中側に丸カンをつけ、革ひもを通して結ぶ。

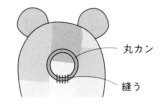

10

名刺入れ

表地の色は、カモメの刺繍が引き立つように
濃いめを選ぶのがおすすめです。

——

写真 … p.25

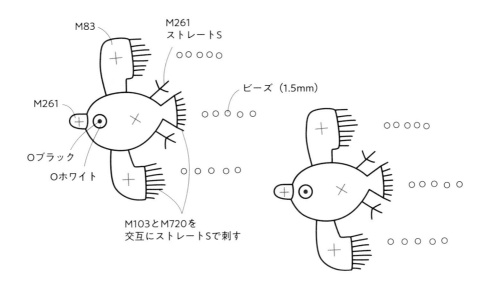

M83

M261
ストレートS

ビーズ（1.5mm）

M261

Oブラック

Oホワイト

M103とM720を
交互にストレートSで刺す

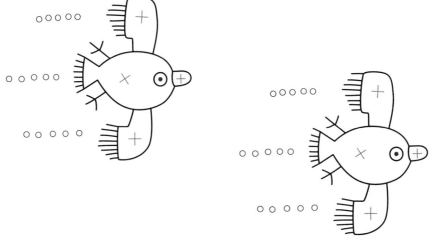

M…フジックス　MOCO
E…ENNESTE　20/3
C…ルシアン　COSMO25番刺繍糸
O…オリムパス　#40レース糸

仕立て方

[用意するもの]
◎表布（リネン）…30×15cm
◎裏布（リネン）…30×15cm
ほかダーニング用糸、ビーズ、手縫い糸　など

1　図案を布に写し取り、刺繍枠をはめて刺繍する。
下の図に5mmの縫いしろをつけて、はさみで切り抜く。
裏布のリネンも同じ大きさで裁断する。

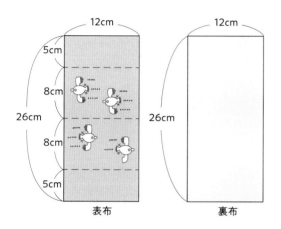

2　表布、裏布を中表に合わせて、返し口をあけて縫う。

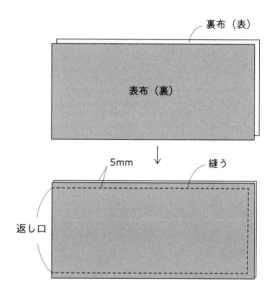

3　表に返し、返し口の縫いしろを折り込みながらコ
の字とじ（p.65参照）で縫う。

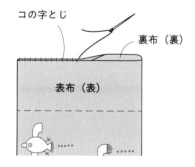

4　指定の位置で両端を内側に折り、コの字とじでサ
イドを縫う。

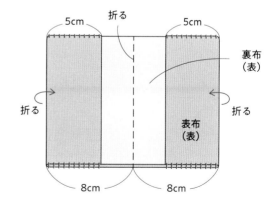

11

オーナメント

中にはキルト綿を入れていますが、
ポプリなど香りのするものもおすすめ。
丸、四角、三角……
お好きな形で作ってください。

―――
写真 ... p.26

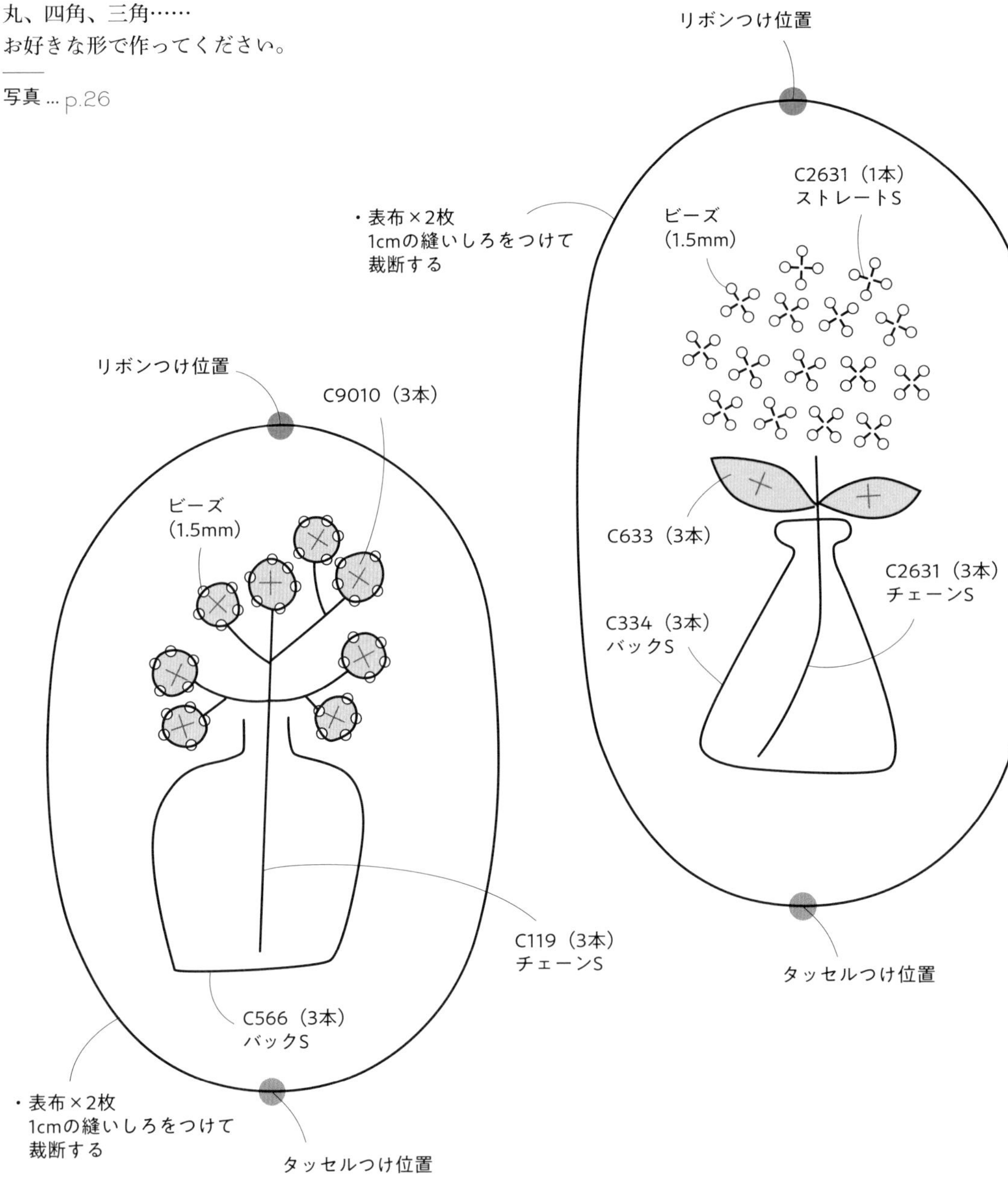

リボンつけ位置

・表布×2枚
1cmの縫いしろをつけて
裁断する

C2631（1本）
ストレートS

ビーズ
(1.5mm)

リボンつけ位置

C9010（3本）

ビーズ
(1.5mm)

C633（3本）

C2631（3本）
チェーンS

C334（3本）
バックS

C119（3本）
チェーンS

C566（3本）
バックS

・表布×2枚
1cmの縫いしろをつけて
裁断する

タッセルつけ位置

タッセルつけ位置

M…フジックス　MOCO
E…ENNESTE　20/3
C…ルシアン　COSMO25番刺繍糸
O…オリムパス　#40レース糸

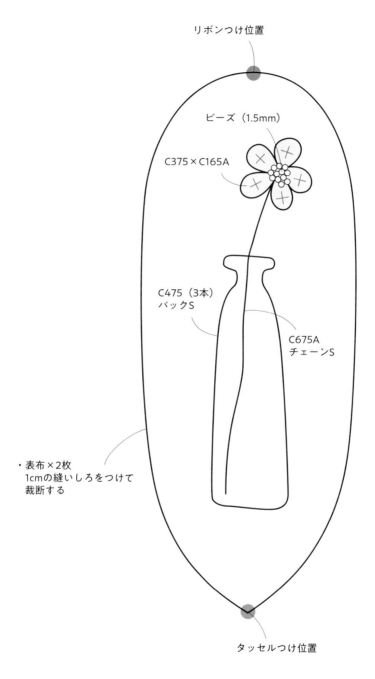

リボンつけ位置

ビーズ（1.5mm）

C375×C165A

C475（3本）
バックS

C675A
チェーンS

・表布×2枚
　1cmの縫いしろをつけて
　裁断する

タッセルつけ位置

M…フジックス　MOCO
E…ENNESTE　20/3
C…ルシアン　COSMO25番刺繍糸
O…オリムパス　#40レース糸

オーナメント仕立て方

[用意するもの](1個分)
◎表布(リネン)…20×20cm
◎キルト綿…適量
◎ベロアリボン(4mm幅)…3cm
◎25番刺繍糸(タッセル用)…適量
ほかダーニング用糸、ビーズ、手縫い糸 など

1 型紙と図案を布に写し取り、刺繍枠をはめて刺繍する。1cmの縫いしろをつけて、はさみで切り抜く。

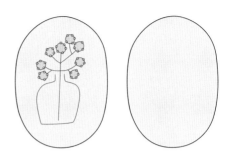

2 片方の表布の裏側にキルト綿を縫いしろ部分に仮留めする。

キルト綿

表布（裏）

3 表布を中表に合わせる。二つ折りにしたリボン、タッセルもつけ位置に置く。

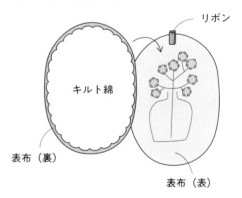

リボン

キルト綿

表布（裏）

表布（表）

4 返し口をあけて、周りを縫う。

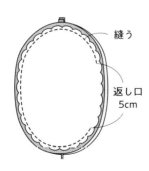

縫う

返し口
5cm

5 表に返し、返し口の縫いしろを折り込みながらコの字とじ(p.65参照)で縫う。タッセルを縫いつける。

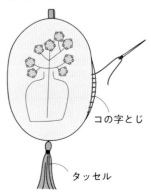

コの字とじ

タッセル

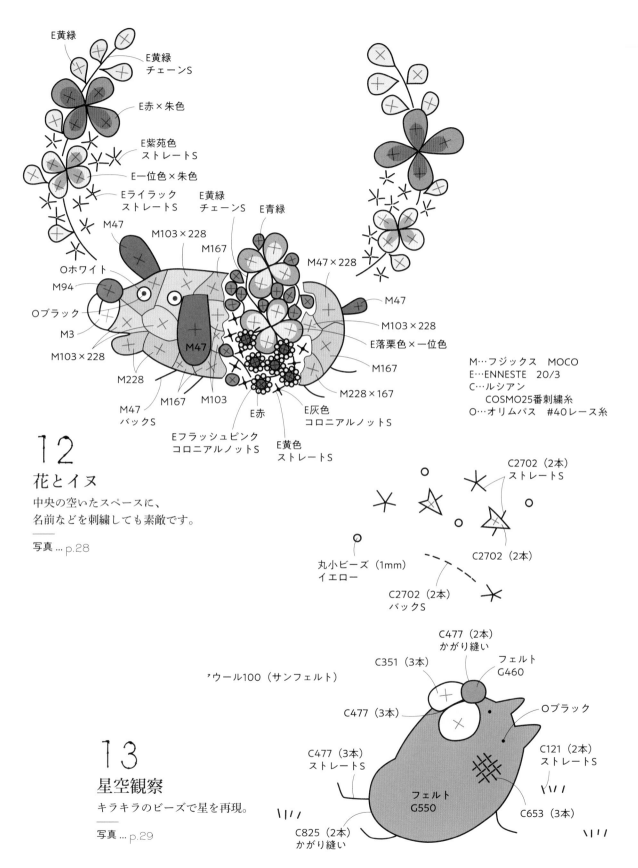

E黄緑

E黄緑
チェーンS

E赤×朱色

E紫苑色
ストレートS

E一位色×朱色

Eライラック
ストレートS

E黄緑
チェーンS

E青緑

M47

M103×228

M167

M47×228

Oホワイト

M94

M47

Oブラック

M3

M103×228

M103×228

E落栗色×一位色

M228

M167

M47
バックS

M167

M103

M228×167

Eフラッシュピンク
コロニアルノットS

E赤

E黄色
ストレートS

E灰色
コロニアルノットS

M…フジックス　MOCO
E…ENNESTE　20/3
C…ルシアン
　　COSMO25番刺繍糸
O…オリムパス　#40レース糸

12
花とイヌ

中央の空いたスペースに、
名前などを刺繍しても素敵です。

——
写真 … p.28

C2702（2本）
ストレートS

C2702（2本）

丸小ビーズ（1mm）
イエロー

C2702（2本）
バックS

C477（2本）
かがり縫い

C351（3本）

フェルト
G460

'ウール100（サンフェルト）

C477（3本）

Oブラック

C477（3本）
ストレートS

C121（2本）
ストレートS

13
星空観察

キラキラのビーズで星を再現。

——
写真 … p.29

フェルト
G550

C653（3本）

C825（2本）
かがり縫い

14

クマ（組）体操

基本的なダーニング刺繍の
練習にぴったりの図案。

写真…p.30

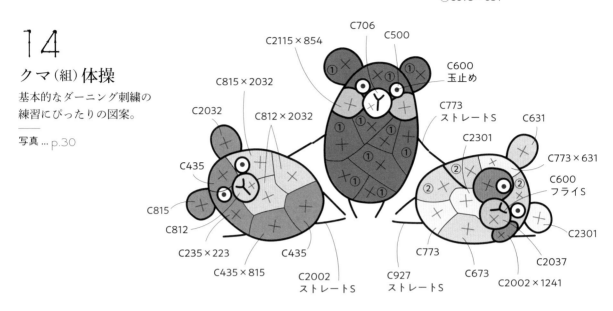

C706
C2115×854   C500
C815×2032   C600
玉止め
C2032   C812×2032   C773
ストレートS   C631
C435   C2301   C773×631
C815   C600
フライS
C812   ②
C235×223   C435   C2301
C435×815   C2002   C773   C927   C673   C2037
ストレートS   ストレートS   ストレートS   C2002×1241

15

フラワーサークル

同系色のみで仕上げますが、
さまざまなステッチが入っているので
賑やかな雰囲気。

写真…p.30

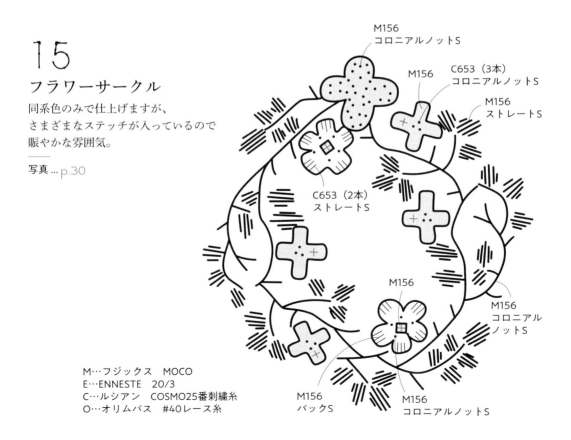

M156
コロニアルノットS
M156   C653（3本）
コロニアルノットS
M156
ストレートS
C653（2本）
ストレートS
M156   M156
コロニアル
ノットS
M156
バックS   M156
コロニアルノットS

M…フジックス　MOCO
E…ENNESTE　20/3
C…ルシアン　COSMO25番刺繍糸
O…オリムパス　#40レース糸

16

クマとコアラ

種別が違っても仲良し。

写真… p.31

すべてMOCO
①94 ②819 ③92 ④47 ⑤103
⑥820 ⑦331 ⑧172 ⑨249 ⑩814
⑪162 ⑫261 ⑬816 ⑭178 ⑮801
⑯808 ⑰813 ⑱168 ⑲24 ⑳269

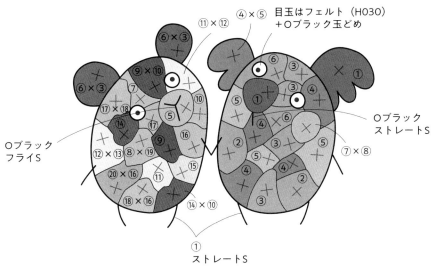

⑪×⑫

④×⑤　目玉はフェルト（H030）
　　　＋Oブラック玉どめ

⑥×③

⑥×③

Oブラック
フライS

Oブラック
ストレートS

⑦×⑧

⑭×⑩

①
ストレートS

17

2匹のウサギ

バックステッチを細かく刺して、
身体の形を出します。

写真… p.31

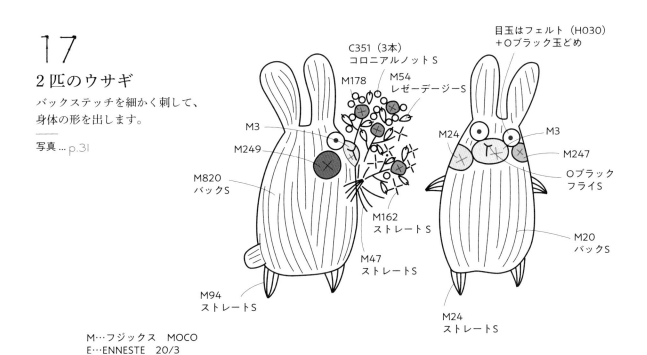

C351（3本）
コロニアルノットS

M178

M54
レゼーデージーS

目玉はフェルト（H030）
＋Oブラック玉どめ

M3

M249

M24

M3

M247

Oブラック
フライS

M820
バックS

M162
ストレートS

M20
バックS

M47
ストレートS

M94
ストレートS

M24
ストレートS

M…フジックス　MOCO
E…ENNESTE　20/3
C…ルシアン　COSMO25番刺繍糸
O…オリムパス　#40レース糸

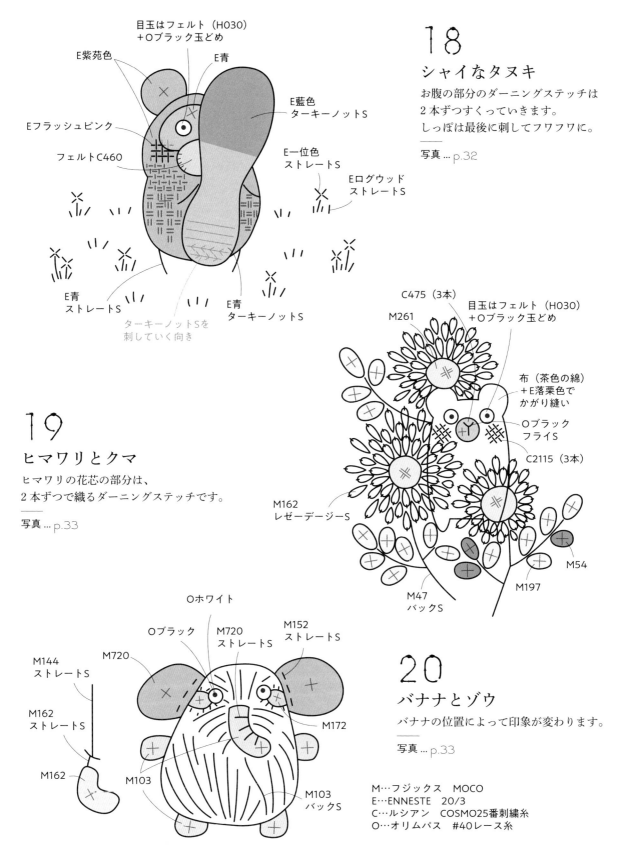

目玉はフェルト（H030）
＋Oブラック玉どめ

E紫苑色

E青

Eフラッシュピンク

E藍色
ターキーノットS

フェルトC460

E一位色
ストレートS

Eログウッド
ストレートS

E青
ストレートS

E青
ターキーノットS

ターキーノットSを
刺していく向き

18
シャイなタヌキ

お腹の部分のダーニングステッチは
2本ずつすくっていきます。
しっぽは最後に刺してフワフワに。

―――
写真 ... p.32

C475（3本）

M261

目玉はフェルト（H030）
＋Oブラック玉どめ

布（茶色の綿）
＋E落栗色で
かがり縫い

Oブラック
フライS

C2115（3本）

M162
レゼーデージーS

19
ヒマワリとクマ

ヒマワリの花芯の部分は、
2本ずつで織るダーニングステッチです。

―――
写真 ... p.33

M47
バックS

M197

M54

Oホワイト

Oブラック

M720

M720
ストレートS

M152
ストレートS

M144
ストレートS

M162
ストレートS

M162

M103

M172

M103
バックS

20
バナナとゾウ

バナナの位置によって印象が変わります。

―――
写真 ... p.33

M…フジックス　MOCO
E…ENNESTE　20/3
C…ルシアン　COSMO25番刺繍糸
O…オリムパス　#40レース糸

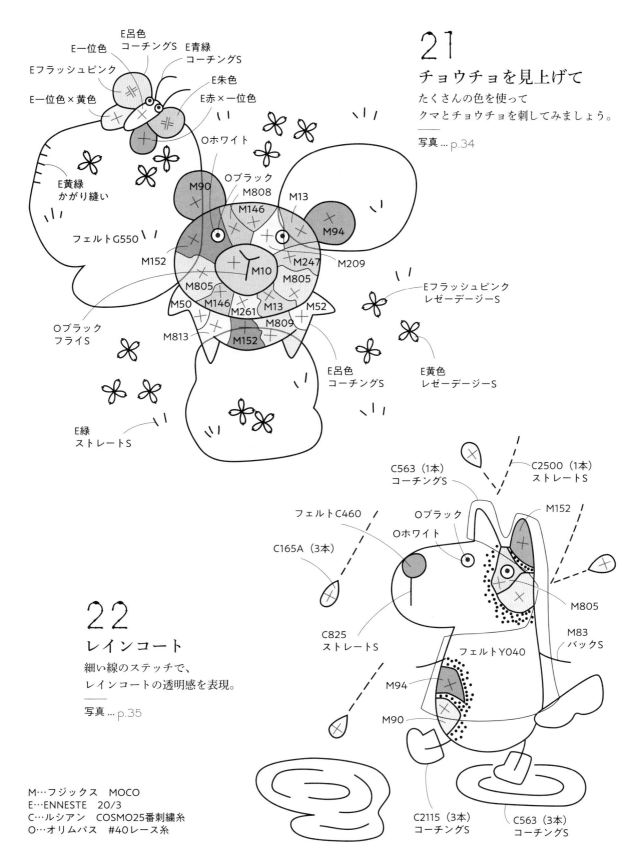

21
チョウチョを見上げて
たくさんの色を使って
クマとチョウチョを刺してみましょう。
写真 … p.34

Eフラッシュピンク
E一位色
E呂色 コーチングS
E青緑 コーチングS
E一位色×黄色
E朱色
E赤×一位色
Oホワイト
E黄緑 かがり縫い
M90
Oブラック
M808
M13
M146
M94
フェルトG550
M152
M10
M247
M209
M805
Eフラッシュピンク レゼーデージーS
M805
M50
M146
M13
M52
M261
M809
Oブラック フライS
M813
M152
E呂色 コーチングS
E黄色 レゼーデージーS
E緑 ストレートS

22
レインコート
細い線のステッチで、
レインコートの透明感を表現。
写真 … p.35

C563（1本）コーチングS
C2500（1本）ストレートS
フェルトC460
Oブラック
M152
C165A（3本）
Oホワイト
C825 ストレートS
M805
M83 バックS
フェルトY040
M94
M90
C2115（3本）コーチングS
C563（3本）コーチングS

M…フジックス　MOCO
E…ENNESTE　20/3
C…ルシアン　COSMO25番刺繍糸
O…オリムパス　#40レース糸

目玉はフェルト（H030）
＋Oブラック玉どめ

E呂色

E緑
レゼーデージーS

E緑
コーチングS

E一位色×落栗色

E黄緑
ダーニングS＋
ストレートS

E呂色
ストレートS

E呂色
ストレート
（3往復）

23
シルエット

ダーニングステッチとストレートステッチで、
漫画のカケアミ風に。
シルエットが浮かび上がります。

写真 … p.36

24
マグカップ

マグカップから咲いたお花は、
ビーズで縁取ってキラキラに。

写真 … p.36

ビーズは
すべて1.5mm

M…フジックス　MOCO
E…ENNESTE　20/3
C…ルシアン　COSMO25番刺繍糸
O…オリムパス　#40レース糸

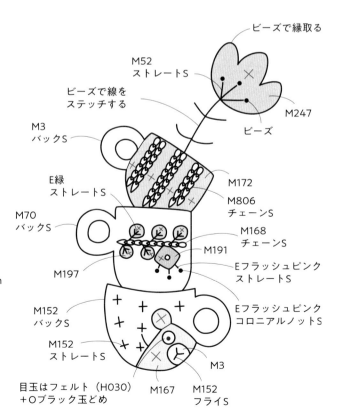

ビーズで縁取る

M52
ストレートS

ビーズで線を
ステッチする

M3
バックS

E緑
ストレートS

M70
バックS

M197

M247

ビーズ

M172

M806
チェーンS

M168
チェーンS

M191

Eフラッシュピンク
ストレートS

Eフラッシュピンク
コロニアルノットS

M152
バックS

M152
ストレートS

目玉はフェルト（H030）
＋Oブラック玉どめ

M167

M3

M152
フライS

25

にゃんキャンディ

キャンディみたいにカラフルなネコ。
ヒゲは切りっぱなしで仕上げます。

写真 … p.37

M249
コーチングS

M805

M808

M168
ストレートS

M249
ストレートS

M168
コーチングS

M809
サテンS

M815

Oホワイト

M331

M4
M331

M4
バックS

黒目、鼻は
Oブラック
ストレートS（2往復）

M816

M815

M815
M162

M168

M816

M815

M4

M331

M162

M808

M168

M815
スミルナSで
3〜4本ヒゲを作る

M815
バックS

M815
バックS

26

幾何学模様

同系色で仕上げるシンプルな模様。
スカートやクロスの裾に
連続で刺しても素敵です。

写真 … p.37

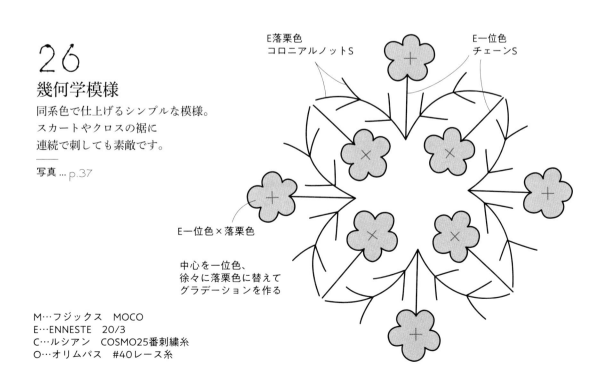

E落栗色
コロニアルノットS

E一位色
チェーンS

E一位色×落栗色

中心を一位色、
徐々に落栗色に替えて
グラデーションを作る

M…フジックス　MOCO
E…ENNESTE　20/3
C…ルシアン　COSMO25番刺繍糸
O…オリムパス　#40レース糸

27
ヤギ

薄手のリネンをヤギの形にカットして
アップリケします。
裏に接着芯を貼るのを忘れずに。

―――
写真 … p.38

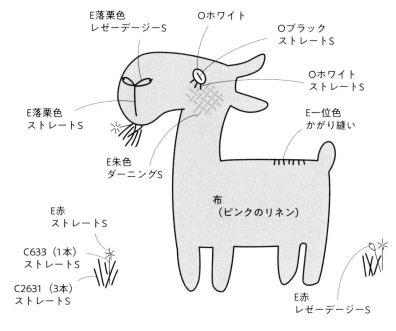

E落栗色
レゼーデージーS

Oホワイト

Oブラック
ストレートS

Oホワイト
ストレートS

E一位色
かがり縫い

E落栗色
ストレートS

E朱色
ダーニングS

布
（ピンクのリネン）

E赤
ストレートS

C633（1本）
ストレートS

C2631（3本）
ストレートS

E赤
レゼーデージーS

28
ウサギ

モチモチほっぺのたれ耳ウサギ。
ほっぺたをダーニング刺繍で目立たせます。

―――
写真 … p.39

M805
バックS

Oホワイト

Oブラック

Oブラック
フライS

M94
バックS

E黄色
ダーニングS

M168

M331
フライS

M331

Eフラッシュピンク
ストレートS

M355

E落栗色
コーチングS

M94
バックS

E黄緑
ストレートS

M…フジックス　MOCO
E…ENNESTE　20/3
C…ルシアン　COSMO25番刺繍糸
O…オリムパス　#40レース糸

29
つぼみと茎

たくさん作ってつなげれば
ネックレスやオーナメントにもなります。

—
写真 … p.40

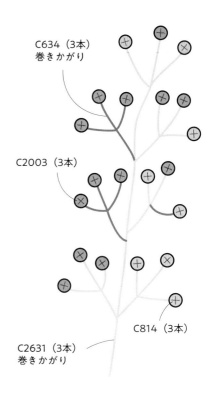

C634（3本）
巻きかがり

C2003（3本）

C814（3本）

C2631（3本）
巻きかがり

・溶ける不織布に刺す（p.58参照）

・つぼみのダーニングステッチ部分は、
　仕上げの時に同じ色の糸で周りを
　ぐるりとかがる

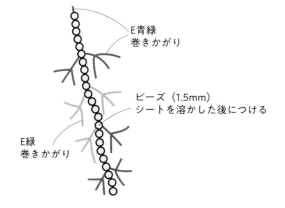

E青緑
巻きかがり

ビーズ（1.5mm）
シートを溶かした後につける

E緑
巻きかがり

・溶ける不織布に刺す（p.58参照）

30
青いサンゴ

中心のビーズは螺旋になるように、
巻きつけて刺すと雰囲気が出ます。

—
写真 … p.40

31
黄色い海藻

繊細なデザインなのでアクセサリー向き。
先端のビーズがポイントです。

—
写真 … p.40

M…フジックス　MOCO
E…ENNESTE　20/3
C…ルシアン　COSMO25番刺繍糸
O…オリムパス　#40レース糸

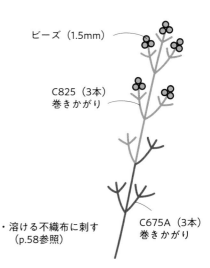

ビーズ（1.5mm）

C825（3本）
巻きかがり

・溶ける不織布に刺す
　（p.58参照）

C675A（3本）
巻きかがり

32
紫の花
ビーズはあえてランダムに、
こんもりとつけるとかわいい。

写真... p.41

ビーズ（1.5mm）

C244（3本）
巻きかがり

C286（3本）

C633（3本）
巻きかがり

・溶ける不織布に
刺す（p.58参照）

C633（3本）

C2631（3本）

ビーズのつけ方

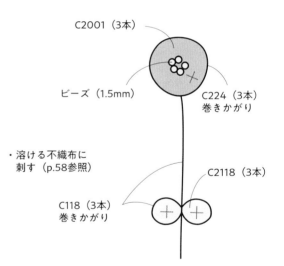

ビーズ

33
赤い花
アップリケや
アクセサリーにぴったり。

写真... p.41

C2001（3本）

ビーズ（1.5mm）

C224（3本）
巻きかがり

・溶ける不織布に
刺す（p.58参照）

C2118（3本）

C118（3本）
巻きかがり

C3115（3本）
巻きかがり

・溶ける不織布に
刺す（p.58参照）

C2118（3本）
巻きかがり

34
小さい花
使い勝手のいいデザイン。
花と茎が分離しないよう、
しっかり縫い込んでください。

写真... p.41

M…フジックス　MOCO
E…ENNESTE　20/3
C…ルシアン　COSMO25番刺繍糸
O…オリムパス　#40レース糸

タッセルの作り方

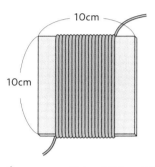

10cm
10cm

別糸　結ぶ

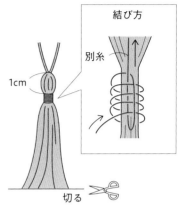

結び方
別糸
1cm
切る

1　10×10cm程度の厚紙に、刺繍糸（6本どり）を好みのボリュームになるように10〜20回巻く。

2　形を崩さないように厚紙から外し、別糸で中央を結ぶ。両脇のふさを下に向けて形を整える。

3　結び目から1cm下のところに、別糸を巻きつけて結ぶ。ふさの下を、はさみで揃えるようにカットして完成。

ポンポンの作り方

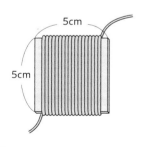

5cm
5cm

別糸　結ぶ
切る　切る

1　5×5cm程度の厚紙に、刺繍糸（6本どり）を好みのボリュームになるように20〜30回巻く。

2　形を崩さないように厚紙から外し、別糸で中央を結ぶ。両脇の輪の部分をはさみでカットする。

3　手で糸の束をほぐしながら、まん丸になるようにはさみで形を整えて完成。

ミムラトモミ

沖縄県出身。「mimster」主宰。2017年より
ダーニングの美しさに魅せられ活動を開始。
ダーニングを応用した独自の技法「モザイ
ク・ダーニング」のカラフルな世界を作り上
げる。著書に『ダーニング刺繍』『大きなダー
ニング刺繍』(共に小社刊)がある。

ブックデザイン＿＿ 塙 美奈［ME&MIRACO］
撮影＿＿ 下村しのぶ　寺岡みゆき
スタイリング＿＿ 串尾広枝
モデル＿＿ Hana
トレース＿＿ 小池百合穂
thanks to＿＿ ミムラタカシ

衣装協力

○SARAHWEAR ／サラウェア自由が丘
　（p.12 ワンピース，パンツ，p.15 ブラウス，スカート，
　p.16,19 ブラウス，p.23 ブラウス，p.26 ジャケット）
　tel. 03-5731-2741　https://www.sarahwear.com
○a+ koloni ／ファラオ
　（p.21,22 ワンピース）
　tel. 03-6416-8635　https://www.pharaoh-alacrity.com

材料協力

○株式会社ルシアン　　https://www.lecien.co.jp/
○株式会社フジックス　　https://www.fjx.co.jp/
○サンフェルト株式会社　　http://www.sunfelt.co.jp/
○オリムパス製絲株式会社　　https://www.olympus-thread.com/
○株式会社Ennyaste　　https://enneste.com/

刺繍糸、ビーズを使って
小さなダーニング刺繍

2024年2月9日　発　行　　　　　　　　　　　　　　　　NDC594
2024年5月20日　第2刷

著　　　者　　ミムラトモミ
発　行　者　　小川雄一
発　行　所　　株式会社 誠文堂新光社
　　　　　　　〒113-0033 東京都文京区本郷3-3-11
　　　　　　　電話 03-5800-5780
　　　　　　　https://www.seibundo-shinkosha.net/
印刷・製本　　図書印刷 株式会社

©Tomomi Mimura. 2024　　　　　　　　　　　　　　　Printed in Japan